LA
MONARCHIE

EN PÉRIL PAR LA DÉMOCRATIE.

LA MONARCHIE

SAUVÉE

PAR LE DÉVELOPPEMENT LÉGAL ET PROGRESSIF DES VOEUX
ET DES INTÉRÊTS POPULAIRES.

LA

MONARCHIE

EN PÉRIL PAR LA DÉMOCRATIE.

LA MONARCHIE

SAUVÉE

PAR LE DÉVELOPPEMENT LÉGAL ET PROGRESSIF DES VOEUX
ET DES INTÉRÊTS POPULAIRES;

PAR M. PLASMAN,

Juge d'instruction au Tribunal de 1re instance d'Orléans.

> Ne pouvant faire les hommes tels qu'on souhaiterait,
> il faut les supporter tels qu'ils sont, et en tirer tout
> l'avantage possible.　　(Marc-Aurèle.)

PARIS.

LEQUIEN FILS, LIBRAIRE, QUAI DES AUGUSTINS, 47,

ET CHEZ LES LIBRAIRES DU PALAIS-ROYAL.

ORLÉANS.

J. GARNIER, LIBRAIRE, RUE ROYALE, 94.

Décembre 1833.

OBSERVATIONS

PRÉLIMINAIRES.

Je suis attaché à la liberté de la presse comme on doit l'être à une institution qui est de l'essence de notre gouvernement. Je la veux dans tous ses développemens possibles, et cependant je blâme ses excès et son action envahissante.

J'attaque les chambres dans toutes les faiblesses qui signalent leur existence depuis 1789, et cependant j'aime le gouvernement représentatif, et je crois que c'est le seul qui convienne à mon pays.

Je désapprouve plusieurs actes des ministres, et je rends justice à leur système intérieur de modération.

Je ne suis point partisan de la noblesse, et, malgré la fierté d'un citoyen français, je regarde comme une nécessité de la monarchie constitutionnelle l'existence d'une pairie fortement constituée.

Je suis plus dévoué à mon pays qu'au chef de l'état, quel qu'il soit; mais je crois que le roi et ses enfans peuvent faire le bonheur de la France, et, séparant avec soin la personne inviolable des fautes que peuvent commettre ses agens, j'unis dans un même sentiment l'amour de la patrie et le dévouement au prince constitutionnel. Enfin je crois que la grande majorité des Français veut la dynastie avec les développemens progressifs des intér é

populaires et de nos lois fondamentales; et c'est
à la consolidation de cette volonté que tend cet
écrit.

Après cette profession de foi bien claire, l'interprétation qu'on pourrait donner à mes paroles
m'importe peu.

LA

MONARCHIE

EN PÉRIL PAR LA DÉMOCRATIE.

LA MONARCHIE

SAUVÉE

PAR LE DÉVELOPPEMENT LÉGAL ET PROGRESSIF DES VOEUX ET DES
INTÉRÊTS POPULAIRES.

————————o————————

IL y a quarante-trois ans que nous sommes en
révolution, et la France n'est pas encore fixée sur
la nature du gouvernement qui lui convient et sur
les élémens dont il doit se composer ! Telle est la
pensée qui revenait sans cesse à mon esprit dans
un de ces momens de rêverie politique que l'on
éprouve si fréquemment depuis ces trois grands jours
de 1830. Et au milieu de ce travail de l'imagination
qui se fatigue et se complaît cependant quelquefois à
chercher les moyens de résoudre des problèmes regardés
comme insolubles, je me disais :

Cette situation flottante de la chose publique, cette
désaffection générale dont sont frappés successivement
tous ceux qui tiennent les rênes de l'état, cette
haine politique entre des hommes d'un même pays,
d'une même famille; cette guerre sourde de deux
nations dans une seule naguère si forte, si puissante
par son union; de deux nations prêtes à s'égorger

dans le sein de la même mère, lorsque les événemens politiques et les combinaisons des partis leur offriront quelques chances de succès; tout ce mal ne proviendrait-il pas des vices de notre organisation politique? N'aurions-nous pas un roi sans monarchie, et des lois républicaines avec des mœurs monarchiques? Et alors j'ai interrogé les publicistes, je leur ai demandé: Qu'est-ce qu'une monarchie? et l'un d'eux, dont l'autorité est imposante, et qui a la parole brève et profonde comme ces oracles des temps anciens, répondit ainsi à ma question:

« Des pouvoirs intermédiaires, subordonnés et dé-
« pendans, constituent la nature du gouvernement mo-
« narchique, c'est-à-dire de celui où un seul gouverne
« par des lois fondamentales. J'ai dit des pouvoirs
« subordonnés et dépendans; en effet, dans la mo-
« narchie, le prince est la source de tout pouvoir po-
« litique et civil; ces lois fondamentales supposent
« nécessairement des canaux moyens par où coule la
« puissance, car s'il n'y a dans l'état que la volonté
« momentanée et capricieuse d'un chef, rien ne peut
« être fixe, et par conséquent aucune loi fondamentale;
« le pouvoir intermédiaire subordonné le plus naturel
« est celui de la noblesse; elle entre en quelque sorte
« dans l'essence de la monarchie, dont la maxime
« fondamentale est : Point de monarque point de
« noblesse, point de noblesse point de monarque. »
(Montesquieu) (1).

(1) Comme dans le commencement de cet ouvrage je cite souvent Montesquieu, il est nécessaire, aujourd'hui surtout, de rappeler cette pensée de M. Royer-Collard :

« Je fais cas, dit-il, de l'élément aristocratique dans la composition d'un gouvernement, et je subis volontiers le ridicule de citer à l'appui

Ces caractères constitutifs de l'ancienne monarchie, que le torrent de la république française avait entraînés, mais dont le génie de Napoléon s'était habilement ressaisi, ont été gravement altérés en 1814 ; et cette altération dans les principes est bientôt devenue une révolution complète par la puissance des faits.

Aujourd'hui, il y a des pouvoirs égaux à celui du monarque, des pouvoirs non dépendans ; il existe même, pour le cas de la violation du pacte juré, un pouvoir supérieur, immense, et dont il faudrait que le peuple perdît pour long-temps, pour toujours peut-être, le souvenir ; car, si je m'incline devant sa souveraineté comme principe, je ne reconnais pas aussi bien les avantages qu'elle procure à l'humanité.

Du moment où le prince par la force du droit n'a plus été la source de tous les pouvoirs, il a vu décroître son influence politique ; et chaque jour la puissance publique s'échappe de ses mains, chaque jour voit s'augmenter celle du peuple et de ceux qui le représentent. Peut-il en être autrement ? Le peuple dicte ses volontés par la presse ; et ses mandataires les mettent successivement en action par les lois.

Il est vrai que la constitution ne permet pas aux députés de faire exécuter les lois qu'ils ont votées, et, sous ce rapport, elle semble revenir vers le principe monarchique ; mais ce n'est qu'un prisme trompeur, et dans l'usage il en est tout autrement ; car aussitôt que les députés croient reconnaître que les ministres du chef de l'état ne font pas exécuter les lois de la manière qui leur convient, ils les privent de leurs votes, et alors les mi-

de cette opinion les noms surannés de Cicéron, de Tacite, de Montesquieu. » (Royer-Collard, *Discours sur la pairie.*)

nistres tombent pour faire place à d'autres qui sont obligés de marcher d'après la volonté de la majorité et non d'après celle du prince ; et si l'on objecte que dans une monarchie constitutionnelle il faut bien que la puissance législative ait la faculté d'examiner de quelle manière les lois qu'elle a faites reçoivent leur exécution , je réponds que, dans l'espace de quarante ans, elle ne s'est pas bornée à examiner comment on avait exécuté les lois; quoique toutes les constitutions lui dénient le droit de juger la conduite de celui qui fait exécuter, elle a néanmoins prononcé la déchéance de deux rois, de Louis XVI et de Charles X. Tant la puissance populaire, ou, si l'on veut, ses mandataires, agissant sous son influence , ont une tendance à envahir et à absorber les forces monarchiques de l'état; aussi je m'étonne toujours d'entendre les partisans de la république s'élever contre les deux chambres. N'ont-elles pas cédé à presque toutes les volontés populaires?

En 93, la nation disait : Plus de roi. Ses représentans ont condamné Louis XVI à la mort, et l'ont fait exécuter sur une place publique.

En 1814, quelques nobles, profitant de l'accablement du peuple, crient : *A bas Napoléon ! Vive Louis XVIII!* et la chambre des pairs, la chambre des députés de répéter en chœur : *Vive Louis XVIII!*

En 1830, le ministère viole les lois, le peuple reconduit Charles X aux frontières, et la chambre proclame aussitôt Louis-Philippe; cependant, dans le droit, les ministres seuls devaient tomber. Louis XVI, Charles X , Napoléon, étaient inviolables et sacrés.

Qu'on ne croie pas qu'il y ait dans le fond de ma pensée l'expression d'un regret pour la dynastie déchue; le trône de Charles X s'est écroulé dans une mer de

sang, dont lui-même souleva les vagues ; c'était justice.
Je ne veux parler ici que de la légalité et que de l'action
envâhissante de la force populaire sur tous les pouvoirs
de l'état.

Montesquieu ajoute : « Point de noblesse , point de
monarque. » En France, il n'y a plus de noblesse ; il y a
bien quelques nobles épars sur l'étendue du territoire,
et quelques individus qui se prétendent tels ; mais aucun
principe ne les attache, ne les relie en un tout ; il n'y a
plus de corps composant une noblesse, se mouvant , se
levant comme un seul homme à la voix du souverain ; la
noblesse est même hostile au prince ; il ne reste donc
aucune force sur laquelle il puisse s'appuyer ; on a fait
table rase autour de lui.

Nous parlons des pouvoirs indépendans du chef de l'état,
et ne faut-il pas encore faire entrer en ligne la liberté
de la presse, cette puissance inconnue de nos pères, et
devant laquelle tout s'abaisse et se flétrit, jusqu'à la ma-
jesté du temple de la justice ; cette puissance, qui est
presque la souveraineté du peuple, mise habilement en
action journalière et légale, et qui, tantôt par ambition,
tantôt par un vil intérêt, tantôt par amour du bien public, miroir fidèle de toutes les bonnes et mauvaises passions , saisit le monarque corps à corps malgré son in-
violabilité , et cherche à le déconsidérer par tous les
moyens qui sont en elle ; et cette marche qu'elle adopte,
quoique blâmable sous le rapport moral, est rationelle ;
car, comme cette liberté représente le peuple souverain,
elle est toujours en crainte que le chef de l'état ne cherche
à empiéter sur sa toute puissance ; de là cette lutte
continuelle, cette lutte à mort. La liberté de la presse,
sauf de très-courts intervalles, sera donc à toujours
l'antagoniste du prince, quel qu'il soit. Elle pourra

sommeiller comme le lion, elle se réveillera terrible comme lui.

Ce n'est pas tout; derrière cette liberté et sous son égide se cachent tous ceux qui, dans les vieilles monarchies, servaient d'appui au trône.

Cette ancienne noblesse, qui baisait les pieds de Louis XIV, ne craint pas aujourd'hui de calomnier bassement le monarque, qui, pour elle, compromet son avenir en cherchant à la protéger contre les réactions populaires.

Derrière cette liberté apparaît encore le clergé, trop habile pour se compromettre ostensiblement : le clergé dont l'appui, grâce aux superstitions des peuples, fut long-temps si utile à l'action de la monarchie de droit divin.

Cependant, malgré toutes ces difficultés de position, malgré la tendance des pouvoirs populaires à se précipiter hors de leur sphère, il faut reconnaître qu'il y a quelque chose de grand, de noble, dans ce balancement et cet équilibre laborieux des élémens dont se compose la monarchie constitutionnelle. Mais cet équilibre peut-il durer long-temps, lorsque presque toutes les forces de l'état pèsent sur un seul des plateaux de la balance?

L'administration procède d'une manière légale, les impôts rentrent régulièrement, on obéit au roi, que voulez-vous de plus? L'existence et la marche légale des chambres, l'obéissance de fait, ne prouvent rien pour l'organisation d'un état. La veille d'une révolution on obéit au prince; on payait aussi les impôts sous Napoléon, sous Charles X; où sont tous ces gouvernemens? C'est donc folie de vivre au jour le jour et d'attendre que l'orage gronde. L'action d'un gouvernement, d'ailleurs, n'est pas dans l'obéissance à l'administration, ce n'est là que la partie matérielle; sa force consiste dans son action morale et politique sur les masses, et, considérée ainsi, l'administration n'a aucune espèce de puissance.

En définitive il est évident pour tous que dans la nation il n'y a que deux forces actives, la puissance populaire et la puissance exécutive. Il y a bien encore des individualités aristocratiques, mais elles se perdent dans la foule.

On tomberait dans une étrange erreur, si l'on croyait qu'un gouvernement est bien constitué par cela seul qu'il y a des pouvoirs organiques placés au faîte. Le gouvernement constitutionnel n'existe pas seulement dans les trois pouvoirs, il faut que les forces qu'ils représentent se retrouvent dans la nation, s'y balancent, s'y combinent de manière à graviter vers un centre commun; l'histoire fournit, même au temps de l'ancienne monarchie, des témoignages éclatans de cette vérité.

Si l'aristocratie est trop puissante, elle absorbe le pouvoir royal; c'est l'époque des premières races. Si le pouvoir royal se sent plus fort que l'aristocratie, il l'écrase; c'est le siècle de Richelieu, de Louis XIV.

Si les forces populaires dominent, elles absorbent tout à la fois le pouvoir aristocratique et royal; c'est l'époque de la révolution française, qui se continue de nos jours avec moins de violence, mais autant d'énergie.

Un véritable gouvernement constitutionnel n'est que l'alliance et le balancement régulier de toutes ces forces.

« Il y a des gens, dit Montesquieu, qui avaient ima-
« giné d'abolir dans quelques états en Europe toutes
« les justices des seigneurs. . . . Abolissez dans une
« monarchie les prérogatives des seigneurs, du clergé,
« de la noblesse, des villes, vous aurez bientôt un état
« populaire ou despotique. »

Nous avons d'abord eu l'état populaire, ensuite l'état despotique, puis voici l'état populaire qui revient; il est clair que nous tournons dans un cercle vicieux. En effet, le corps social a ses lois comme le corps humain, des lois qui résultent de sa nature, des lois qu'il n'est pas au pouvoir de l'homme d'abroger. Or, nous avons démontré que l'aristocratie est une loi constitutive de la monarchie.

Vous voulez donc, me dira-t-on, des priviléges, une aristocratie, comme avant la révolution.

Sans aimer l'aristocratie et en repoussant même l'ancien ordre de choses, on peut reconnaître l'utilité d'un contre-poids nécessaire au mouvement du vaisseau de l'état. Mais d'ailleurs, dans ce moment, je ne dis pas ce que je veux, je le dirai; je me borne à constater un fait, je prouve que l'absence de l'une des forces nécessaires pour établir la pondération des pouvoirs nous mène à un gouvernement complètement populaire ou despotique. Où serait le malheur qu'il en fût ainsi? me dira-t-on peut-être.

Le malheur serait grand pour la France.

Si le gouvernement est despotique, nous perdons toutes nos libertés, et cependant nous y tenons; s'il devient républicain, comme nos mœurs, ainsi que je le démontrerai, sont en opposition avec cet état, nous ne pouvons que dériver vers l'anarchie; or, la grande et très grande majorité des Français ne veut ni du despotisme ni de l'anarchie.

On a souvent cité l'Angleterre comme exemple frappant de la possibilité de maintenir le gouvernement constitutionnel avec la liberté de la presse.

Je crois aussi à cette possibilité; mais en Angleterre il y a des pairs héréditaires; en Angleterre il y a plus qu'une pairie, il y a dans toutes les provinces une aristocratie de second ordre, qui, outre qu'elle possède presque la moitié du territoire, rattache à elle la plus grande partie du peuple par son influence, par l'éclat de sa représentation, les dépenses de luxe qu'elle occasionne et qui répandent partout la vie, enfin par les alliances même de la noblesse avec les hommes sortis du peuple, mais hommes de mérite et de talent.

En Angleterre, le clergé, loin d'être hostile, est dévoué; son pape est le roi; le clergé n'obéit pas, comme en France, à deux puissances presque toujours contraires, souvent ennemies. Le clergé est citoyen, ou au moins a toutes les vertus du citoyen, parce que ses membres sont pères de famille; enfin le temps, qui est aussi une puissance, a consacré la famille royale d'Angleterre, et la nôtre ne date que de quelques jours. Voilà le secret du maintien du gouvernement constitutionnel chez nos voisins d'outre-mer, mais dans notre pays les ressorts sont déjà usés. Et cela est si vrai qu'il y a de bons esprits qui, quoique amis de la liberté de la presse, croient qu'on ne peut calmer l'irritation des partis qu'en apportant des modifications à cette liberté; et cependant, s'il arrivait que les divers pouvoirs de l'état vinssent à reconnaître cette nécessité, le peuple à cette prétention opposerait tout aussitôt le *veto* de sa force matérielle, et le pouvoir exécutif serait forcé de céder. J'ai donc raison de dire que nous avons un roi sans monarchie.

Une des conséquences inévitables de cette situation des choses, c'est l'absence de caractère et d'énergie dans le pouvoir royal, et si l'on ne trouve pas un moyen de le tirer de cet état léthargique, il doit périr lentement comme une lampe qui s'éteint faute d'aliment. Qu'on ne dise pas que cela tient à la personne du roi; si le roi voulait autre chose que ce qui est, il briserait tout sans doute mais alors, ou il serait despote comme Napoléon, ou il agirait comme Charles X, et dans les deux hypothèses que deviendraient le trône et la dynastie ?

On appelait Charles X roi de France ; il avait une cour brillante et nombreuse qui se prosternait devant sa toute-puissance ; il disait mon peuple, mes armées, mes vaisseaux, mes sujets ; il s'est imaginé qu'il devait être souverain ; il n'a pas vu que cette souveraineté ne s'étendait pas au-delà des murs de son palais, que la loi trônait à la porte, et qu'en voulant revenir à la monarchie pure il brisait lui-même sa couronne. De là la révolution de juillet, devant laquelle le canon même devait être impuissant ; car le lendemain de la victoire il eût fallu recommencer la bataille. Cet exemple ne sera pas perdu, sans doute ; les princes constitutionnels doivent ressembler au premier roi du Latium.

Mais en admettant que la monarchie soit en péril, quels sont les moyens de rétablir l'équilibre ?

Avant de chercher le remède au mal, il convient d'examiner quel est l'état de la société en France, et d'apprécier les principes, les idées et les passions même qui la dominent ; le meilleur gouvernement est celui dont les lois politiques et civiles se rapportent le plus aux mœurs et à la disposition particulière du peuple pour lequel il est établi ; notre recherche est donc utile et tend directement au but que nous désirons atteindre.

Que sommes-nous ? presque tous plébéiens, mais fiers et ambitieux, comme descendans de ce tiers-état qui fit la révolution de 89. Que voulons-nous devenir ? patriciens. Oui, patriciens, les uns par les richesses, les autres par les talens ou les dignités. C'est à ce but que tendent tous nos efforts.

Si une position honorable, élevée, manque à un père, il la rêve pour ses enfans, et ce sentiment ambitieux règne jusque dans les classes du peuple.

Il y a une tendance forte, générale, à s'élever au-dessus de sa sphère et à en sortir, et cela se conçoit très-bien; il y a tant de soldats qui sont devenus maréchaux de France, tant de cultivateurs et de marchands qui se sont trouvés à leur réveil grands propriétaires et grands négocians, tant d'avocats qui sont devenus gardes-des-sceaux! Chacun cependant s'empresse de dire : La noblesse, les honneurs! fi donc! La crainte du ridicule en France est une si grande puissance! L'on se garde bien de paraître désirer des choses que chacun en public affecte de mépriser; mais si par hasard la fortune s'approche et nous sourit, vite nous escaladons les degrés comme un soldat qui s'élance à la brèche, et à chaque pas nous élevons la tête pour voir si nous approchons du faîte. L'adjoint de village, décoré de son écharpe tricolore, le duc et pair, couvert de cordons et de crachats, ont la même devise : amour-propre et vanité.

Avec cette disposition ambitieuse des masses vers la fortune et les honneurs, il est clair que la république, dans son beau idéal, et telle que les anciens l'avaient conçue, ne pourra jamais s'implanter parmi nous. Certes, la révolution de 89 fournit à la patrie de grands hommes et même des citoyens qui semblaient dignes des premiers siècles de la république romaine; mais Napoléon paraît, la scène change, et presque tous, ô faiblesse humaine! découpent peu à peu leur bonnet de la liberté pour en faire une livrée impériale.

Cependant il est possible que des têtes ardentes, rêvant une égalité chimérique, cherchent à ramener la démocratie pure; mais la république mourra sur notre sol par l'abus de sa puissance, le soir du jour qui l'aura vue naître. Nous manquons tous de ces mâles vertus, caractères distinctifs de la véritable démocratie.

« Les politiques grecs qui vivaient dans le gouverne-
« ment populaire, dit encore Montesquieu, ne recon-
« naissaient d'autre force qui pût les soutenir que celle
« de la vertu. Ceux d'aujourd'hui ne nous parlent que
« de manufactures, de commerce, de finances, de ri-
« chesses et de luxe même.

« Ce fut un assez beau spectacle, dans le siècle passé,
« de voir les efforts impuissans des Anglais pour établir
« parmi eux la démocratie; comme ceux qui avaient pris
« part aux affaires n'avaient point de vertu, que leur
« ambition était irritée par le succès de celui qui avait le
« plus osé, que l'esprit d'une faction n'était réprimé que
« par celui d'un autre, le gouvernement changeait sans
« cesse, le peuple étonné cherchait la démocratie et ne
« la trouvait nulle part.

En lisant ces pensées de l'auteur de l'*Esprit des lois*, on reconnaît une analogie frappante entre notre époque et celle qui a suivi la révolution d'Angleterre.

L'ambition qui nous domine est irritée par le succès de celui qui a bien plus osé que Cromwel; il est d'ailleurs de la nature du peuple français de se nourrir encore plus qu'en Angleterre d'amour-propre et de vanité; l'absence de vertus civiques fait que toutes nos ambitions individuelles s'unissent aux factions; le gouvernement change sans cesse, et le peuple étonné, mais fatigué, attend avec calme le dénouement; il semble dire : Un jour viendra mon triomphe; mais ce triomphe ne sera-t-il pas précédé d'un tremblement de terre ?

Lors même que le temps apporterait quelques changemens dans les mœurs, les femmes, dont l'influence agit d'une manière si sensible sur notre position politique et sociale, les femmes nous ramèneraient vers cet état de vanité ambitieuse et d'égoïsme qui est la ruine de toutes les républiques.

Une femme qui met toute son existence dans l'éclat d'une parure peut-elle être bien sévère sur les moyens de parvenir à une position brillante? Aussi, quelque rang que son mari occupe, elle l'amène par d'adroits raisonnemens à sacrifier ses principes politiques ou à une grande fortune ou à une haute dignité; elle fait ressortir à ses yeux l'intérêt de ses enfans, de leur établissement futur, leur nom, sa maison dont elle doit soutenir l'éclat; elle le dispose à un vote facile, et le prépare admirablement à ces capitulations de conscience dans lesquelles les femmes savent exceller. Même dans les classes les plus ordinaires de la société, ces idées, ces principes dominent; on tient à maintenir sa position sociale, et il est convenu que lorsque l'on est placé dans un certain rang, nous ne devons rien faire ni souffrir qui fasse voir que nous nous tenons inférieurs à ce rang même.

Si le génie particulier des historiens de l'antiquité ne les a pas entraînés au-delà du vrai, ah! qu'à Sparte et dans Rome les femmes offraient au monde un spectacle différent! Que de courage! que de vertus patriotiques! Comme elle est admirable et pure cette vie de femme qui se consume dans les soins maternels, dans l'éducation de ces jeunes gens que leurs mères disposaient si bien dès le berceau aux mâles vertus de leurs ancêtres. L'ennemi approche, loin d'elles et les larmes et tout sentiment de faiblesse. Chez nous la femme tremble et fuit; à Rome, à Sparte, elle excite par ses discours et ses chants patriotiques l'ardeur de son époux, de ses fils même. De pareilles femmes devaient engendrer de vrais citoyens, et nous, faibles enfans de mères plus faibles encore, nous nous amusons à rêver la république. Pauvres républicains ! auxquels il ne manque que la condition essentielle de leur existence, la vertu.

Toutefois ne soyons pas injustes ; sans recourir aux temps anciens, on trouve encore parmi nous de beaux caractères de femmes. Pendant les troubles civils de notre première révolution, dans nos trois journées et dans le cours désastreux de cette épidémie qui promenait la faux de la mort sur toute la France, beaucoup de Françaises ont donné des preuves d'un dévouement et d'un courage vraiment héroïques ; mais ce dévouement ne s'est presque jamais étendu au-delà de leurs affections privées ; admirables pour sauver leurs familles ou secourir les malheureux, elles ont été de glace pour la patrie.

Soutenir qu'en France la république est impossible, c'est dire que l'ambition, la vanité, ont plus de racines que la liberté ; c'est même moins la liberté qu'on aime que l'égalité, et cet amour de l'égalité n'est qu'une vanité déguisée, car nous ne reconnaissons pas ses lois avec nos inférieurs, nous ne les invoquons que contre ceux qui nous blessent par leur supériorité de fortune, de talent et de naissance. On prétend cependant que cet amour excessif des titres, des honneurs, qui nous tourmente, tient seulement au désir que chacun a d'être l'égal de tous. Examinons les Français dans tous les actes de leur vie sociale et politique, et nous serons obligés de reconnaître que tout en se plaisant dans une vie de liberté, ils ne sont pas animés par un amour pur de l'égalité.

Pourquoi nos enfans, dès l'âge le plus tendre, s'élancent-ils avec tant d'ardeur vers ces couronnes dont on va décorer leurs fronts? Pourquoi nos jeunes conscrits sont-ils si désireux de l'épaulette d'officier et de la croix-d'honneur? Ils sortent pourtant des rangs du peuple, de ce peuple qui ne semble rêver qu'au soc de sa charrue; et cette foule de talens qui se disputent dans tous les arts ces branches de laurier que la renommée, si avare dans notre siècle, semble effeuiller avec regret, et cette arène électorale où tant d'hommes distingués par leurs vertus sociales se précipitent pour obtenir les suffrages de leurs concitoyens, au risque de voir flétrir par les plus basses calomnies les actes les plus simples et quelquefois les plus honorables de leur vie? Est-ce donc par un amour sincère de l'égalité qu'on aspire si fortement à sortir des rangs?

Voyez enfin nos deux grandes révolutions faites à quarante ans de distance, elles ont été bien moins le résultat des fautes des rois, et même bien moins l'effet du désir d'acquérir une plus grande somme de liberté, que le résultat de l'amour-propre flétri des diverses classes du tiers-état, de leur orgueil offensé. En quelques jours le peuple français a vengé dans des flots de sang ses injures de mille ans.

L'on croirait qu'après avoir démoli tous les palais, le peuple va conserver, comme le feu sacré, l'égalité qu'il vient de conquérir. Non, chaque gouvernement se transforme en privilége, chaque révolution nous fait cadeau d'une aristocratie nouvelle.

Ancienne noblesse détruite puis bientôt rétablie, illustrations républicaines devenues nobles, noblesse de l'empire, noblesse de la restauration et bientôt noblesse de Louis-Philippe. Pauvre égalité! nous te traitons si familièrement que tous les dix ans au plus tu subis une nouvelle métamorphose. Nous agissons avec toi comme nos enfans avec leurs poupées. Chaque matin c'est une toilette nouvelle, mais elle est flétrie avant la fin du jour.

N'omettons pas d'ajouter cependant qu'à côté de ces défauts de notre caractère il y a dans toutes les classes un esprit d'ordre et de modération dans les principes politiques très-remarquable, non par un amour extrême de l'ordre, mais parce que nous sommes maintenant pénétrés de cette idée, que c'est l'ordre qui procure les richesses, et les richesses les honneurs.

Voilà notre histoire, même pour l'avenir; car lorsque deux révolutions faites au nom de la liberté et de l'égalité ont passé sur un peuple sans changer ses mœurs, on peut regarder comme chose certaine qu'elles ne varieront jamais.

La société ainsi constituée, le législateur est obligé de gouverner avec elle et pour elle. Il n'ira pas tenter l'impossible; et puisque l'ambition, l'amour-propre sont les passions actives et dominantes de toutes les individualités, il est clair que c'est en elles que réside la force gouvernementale; et plus les forces populaires battent en brèche la monarchie, plus le pouvoir monarchique doit mettre en jeu la seule action qui lui reste sur les masses, le sentiment de l'honneur.

Eh quoi! me dira-t-on, irez-vous exciter la fermentation de toutes les mauvaises passions que la politique peut excuser, mais qu'une vraie sagesse flétrit? Sans doute. Le gouvernement doit profiter des vices comme des vertus des citoyens, seulement c'est à lui qu'il appartient de les régler en en tirant parti, et, par son action sur les individualités, d'arriver à la solution du problème, la prospérité de tous.

Quel est le peuple de l'antiquité qui a laissé le plus grand souvenir de ses vertus civiques? Les Lacédémoniens.

Ses législateurs avaient compris qu'étant chaque jour en guerre, il fallait former des hommes exercés à la ruse; on y récompensait le vol commis avec adresse.

Et ce principe, qu'un gouvernement doit profiter des vices comme des vertus des citoyens, a pour lui l'autorité des siècles et des publicistes.

« Le gouvernement monarchique, dit encore Mon-
« tesquieu, suppose des prééminences, des rangs et
« même une noblesse d'origine; la nature de l'honneur
« est de demander des préférences et des distinctions;
« il est donc par la chose même placé dans ce gouver-
« nement.

« L'ambition est pernicieuse dans une république; elle
« a de bons effets dans la monarchie, elle donne la vie
« à ce gouvernement, et on y a cet avantage qu'elle
« n'y est pas dangereuse, parce qu'elle y peut être
« sans cesse réprimée. Vous diriez qu'il en est comme
« du système de l'univers, où il y a une force qui
« éloigne sans cesse du centre tous les corps, et une
« force de pesanteur qui les y ramène. L'honneur fait
« mouvoir toutes les parties du corps politique, il les
« lie par son action même, et il se trouve que chacun
« va au bien commun, croyant aller à ses intérêts par-
« ticuliers.

« Il est vrai que, philosophiquement, c'est un hon-
« neur faux qui conduit toutes les parties de l'état;
« mais cet honneur faux est aussi utile au public
« que le vrai le serait aux particuliers qui pourraient
« l'avoir.

« Et n'est-ce pas beaucoup d'obliger les hommes

« à faire toutes les actions difficiles, et qui deman-
« dent de la force, sans autre récompense que le bruit
« de ces actions. »

En résumé sur tout ceci, si la France n'a plus de
monarchie telle qu'elle était comprise anciennement,
si même elle n'a plus que le vain simulacre d'une
monarchie dite représentative, malgré l'altération de ses
institutions, la France est restée monarchique par ses
mœurs; singulier état d'un grand peuple qui subsiste
avec des lois contraires à ses mœurs, et des mœurs
contraires à ses lois.

Ces idées, me dira-t-on, peuvent être vraies; mais
à quoi bon tout ceci? Arrivez à l'application. Comment mettre en action ces sentimens qui dominent la
société française?

Satisfaire à toutes les idées de vanité sociale, d'ambition, d'influence, et cependant d'égalité politiques
qui agissent si fortement sur toutes les individualités
dont se composent les classes moyennes.

Favoriser le développement de tous leurs intérêts
d'industrie, d'ordre, d'économie générale et d'instruction
publique, dont le besoin se fait sentir vivement parmi
elles, et enfin, sans se jeter comme Napoléon dans des
guerres éternelles, satisfaire à leurs idées d'indépendance et de suprématie européennes, et trouver le moyen,
même au milieu de la paix, de faire vibrer dans leurs
cœurs les cordes qui correspondent au nom de France,
Gloire et Patrie !

Tel est mon programme; procédons à ses développemens.

Puisqu'une vanité ambitieuse et un sentiment d'honneur, que, tout en l'appelant un faux honneur, Montesquieu cependant signale comme si utile à l'action

de la monarchie , sont les principes vivifians de ce mode de gouvernement ; puisque la monarchie représentative est maintenant privée de l'appui qu'elle trouvait dans l'aristocratie, qui renfermait en elle et les élémens de cette vanité et en même temps tous les principes d'ordre et de conservation nécessaires à la durée comme à la stabilité de toute organisation sociale, que dans cette position elle se trouve débordée par la démocratie, il faut donc tâcher de rechercher et d'extraire des masses une puissance qui allie à une force conservatrice ce sentiment d'honneur, si utile à l'action gouvernementale.

Or, si, dans le gouvernement purement monarchique, les publicistes ont pu proclamer comme une base fondamentale ce principe : « *Point de noblesse, point de souverain,* » je crois que dans un gouvernement constitutionnel il faut dire : « *Point de citoyen, point de monarque constitutionnel.* »

Je dois donc faire tous mes efforts pour rechercher le caractère constitutif du citoyen, et pour réunir autant que possible en un tout, en une seule âme, ce corps immense. Mais à quelle règle, à quels principes m'arrêter, lorsque tous les gouvernemens ont négligé jusqu'à présent de déterminer les signes caractéristiques du citoyen français, lorsque tous, faut-il le dire, en ont eu peur ?

Depuis quarante ans nous nous battons pour conquérir ou augmenter, dit-on, la somme de notre liberté ; depuis quarante ans nos législateurs ont peut-être voté cent mille lois, et, chose étrange ! aucune disposition légale n'a fixé le nombre des citoyens, réglé leurs droits et leurs devoirs. Je me trompe, s avons quelques lois de 1791 et de l'an 3 tombées en désuétude, et abrogées d'ailleurs par nos chartes et nos lois postérieures.

En effet, ces lois déclarent que tout Français qui paie la valeur de trois journées de travail est citoyen français. Cependant il est évident que celui-là ne l'est pas, qui ne participe ni aux élections municipales ni aux élections des députés.

D'un autre côté, en France, où chaque individu est propriétaire, chacun paie la valeur de trois journées de travail, de sorte que tout homme serait citoyen sans pouvoir en exercer les droits.

Je dis qu'en France tout individu est propriétaire. Et en effet, le nombre des cotes des impositions est de 10 millions 814,779, et le sol de la France est possédé par plus de 5 millions de propriétaires, par conséquent, plus de 20 millions d'individus sont intéressés dans la propriété et la jouissance du sol (1).

Mais où donc trouver ce pouvoir qui doit être tout à la fois l'appui du trône et le défenseur des libertés du pays?

Je le trouve dans les classes moyennes. C'est parmi elles que l'on signale presque toutes les fortunes, presque toutes les capacités, presque toutes les gloires de la grande famille. Ces classes seules renferment le véritable élément du gouvernement représentatif; par le principe d'élection introduit dans les divers degrés de la hiérarchie politique, par le jury et la garde nationale, elles protégent, jugent, administrent et gouvernent le pays; elles n'ont rien d'exclusif ni de privilégié, parce que chacun peut, avec du travail et de

(1) Discours de M. de Rambuteau, du 17 avril 1833. Chambre des députés.

l'économie, y venir prendre place; que tout Français peut parvenir à tout, de partout et à toute heure; c'est donc là qu'aboutissent toutes les veines et tous les nerfs de la patrie; c'est là que je rencontre la terre ferme, c'est là qu'il faut bâtir.

Je prendrai donc pour base la loi d'élection; car, dans un gouvernement élevé par le peuple et pour le peuple, je ne vois pas un citoyen dans l'homme qui ne jouit pas d'une fraction de la souveraineté, et je me hâterai d'étendre le bénéfice de cette loi à toutes les capacités, à toutes les notabilités. Je diminuerai le cens légèrement, successivement, tous les dix ans, par exemple, et à mesure que je reconnaîtrai que les lumières pénètrent dans les classes secondaires. La diminution légère du cens fournira au système électoral une foule de propriétaires doués d'une volonté essentiellement conservatrice, et d'une vanité bourgeoise très-précieuse aux idées monarchiques; enfin, je ferai en sorte que toute famille qui a quelque considération, marque et compte dans la cité; et j'aurai soin de faire apercevoir à celles qui n'y seront pas encore comprises, qu'un jour elles pourront atteindre au but; et peut-être dans un temps peu éloigné, si l'on considère les siècles d'avenir réservés à la France, on arrivera à ce résultat que tout garde national jouira des droits politiques. Persuadé que c'est seulement dans les classes moyennes que se trouve tout l'avenir de la monarchie, je ferai si bien que ces classes seront fières de la qualité de citoyen, titre que j'aurai soin d'environner de toutes les marques distinctives de l'honneur. Je donnerai plus tard des développemens à cette pensée. Avant tout j'examine le caractère du citoyen dans son principe, dans son essence; j'en recherche le nombre, j'en examine la force, et je me demande quel sera son poids et son action dans la balance des pouvoirs.

On ne compte maintenant que 160 mille électeurs environ. Je suppose que par les modifications apportées à la loi d'élection, les citoyens seront au nombre de 300 mille. En effet, si l'on ajoute aux électeurs actuels toutes les capacités parmi lesquelles il y en a beaucoup qui ne paient pas le cens, si vous diminuez seulement le cens de 20 francs, vous devez arriver à ce nombre. Admettons ce chiffre.

J'entends tout de suite une objection.

Vous vous plaignez de l'influence du peuple, et vous voulez doubler, tripler sa force par l'action électorale; cette classe moyenne constituée en citoyens ayant pour elle et les bras, et les armes, et les droits de la cité, animée de principes populaires, entraînera ce qui reste de la monarchie.

Je répondrai d'abord que si ce raisonnement pouvait être juste, il vaudrait encore mieux tomber noblement que de mourir à petit feu et par un esprit de défiance qui décélerait des craintes indignes d'un grand prince et d'un peuple généreux. Je ne connais pas d'ailleurs de familles royales qui aient péri par trop de confiance dans le peuple; j'en vois de tous côtés qui tombent par excès de méfiance; l'histoire est là qui nous fournit de grands et terribles enseignemens. N'est-ce pas à ce sentiment de méfiance envers le peuple et à leur intelligence coupable avec les rois étrangers que Louis XVI et tant d'autres ont dû leur perte. Ainsi l'expérience des siècles est loin de justifier l'ob-jection; mais dans quelle erreur on tombe en croyant que les classes moyennes sont animées d'un esprit révolutionnaire; loin de là, elles ne sont dirigées que par une pensée de conservation, d'ordre, d'amélioration, et en même temps j'ajoute par des idées d'ambition et de vanité, très-conformes à l'esprit monarchique.

Ces classes sauront bien, n'en doutez pas, préserver le monarque contre les entraînemens populaires, non par amour pour la légitimité ou la quasi-légitimité, non par un amour aveugle pour la personne du monarque, mais parce qu'elles connaissent et apprécient parfaitement le danger des révolutions, et qu'elles cèdent avec plaisir à la pensée d'ordre public que le chef de l'état représente; et c'est l'histoire de notre siècle, toute palpitante encore, qui nous offre sous ce rapport de hautes garanties de leur modération et de leur dévouement aux pouvoirs établis. Si la garde nationale de Paris n'eût pas été dissoute par M. de Villèle, Charles X serait encore sur le trône. Si la garde nationale n'eût pas existé depuis la révolution de juillet, Louis-Philippe n'y serait plus; c'est mon problème résolu par les faits. Mais du moment que j'introduis les capacités dans le mouvement électoral, *par cela seul qu'elles sont telles*, la question d'éligibilité doit disparaître, et tout citoyen pourra être élu député. De 1,000 fr. on a réduit le cens à 500 fr. Les députés n'en ont pas moins été choisis parmi les notabilités. De 500 fr. vous le réduiriez à 50 fr., qu'il en serait de même (1). Mais le corps électoral ainsi constitué élira des tribuns du peuple. Ce serait une

(1) Cependant je crois qu'une indemnité de séjour serait nécessaire. Nécessaire pour les députés qui, lors même qu'ils ont une certaine fortune, ne peuvent abandonner leur état, la surveillance de leurs propriétés, leur famille, sans en souffrir extraordinairement; nécessaire pour éteindre tous ces bruits de corruption qui se propagent avec tant de facilité et tant d'injustice peut-être.

grande erreur de le croire, et c'est encore la vanité qui tranche cette question. L'amour-propre de la bourgeoisie ne lui permet pas de reconnaître dans un autre bourgeois, fût-il un aigle, les qualités nécessaires à la députation, et les classes moyennes auront toujours une tendance très-forte à choisir leurs mandataires parmi les familles réputées patriciennes; et cette faiblesse de l'humanité date de loin. Il en était de même à Rome. Mais admettons cependant que quelques hommes nouveaux parviennent à se faire jour. Où serait donc le mal? Les Mirabeau sont rares, et quand on en signalerait quelques-uns, voulez-vous donc avoir un gouvernement de liberté sans tribun? Regardez comme la chambre des députés s'efface et devient pâle; on dirait que c'est un corps qui va se dissoudre à force de modération. Et qu'importent d'ailleurs les tribuns du peuple? Grâce à la puissance des faits qui les dominent, à notre genre de vie politique, où tout se voit, où tout se sait; grâce aux attaques de l'opposition dont chaque jour il faut se défendre, les membres les plus influens de la chambre élective deviennent facilement des ministres dévoués.

Loin de moi, certes, la pensée d'inviter le pouvoir à des moyens honteux de gouvernement. Il est vrai que si Mirabeau fut toujours éloquent, il ne fut pas toujours *vir probus*; mais je suis loin de croire que les hommes de génie se laissent plus facilement que d'autres séduire par l'appât des richesses, et je mépriserais un gouvernement qui se servirait de cette disposition, si elle existait en eux, pour les attirer à lui; je dis seulement que ces hommes doivent plus facilement que d'autres, et précisément parce qu'ils ont une capacité supérieure, se laisser entraîner et par le plaisir de mettre en action leurs

idées gouvernementales, et par cette ambition si naturelle dans un noble cœur qui a la conviction que ses
travaux seront utiles à la patrie.

Enfin, une expérience récente, il est vrai, mais immense par ses résultats, vient justifier mon système. Un
état voisin qui, si nous le surpassons par la gloire militaire et le culte des beaux-arts, est au-dessus de nous
par son génie industriel, et marche au moins notre égal
en liberté, l'Angleterre vient enfin de secouer la poussière de ses vieilles lois électorales, et de détruire à jamais ces élections de bourgs qui étaient la honte d'un
pays libre, et l'obstacle le plus grand aux développemens
d'une sage liberté.

Après avoir décrété avec un calme énergique cette
réforme si importante, elle a procédé d'après ces nouvelles bases à de nouvelles élections, et le caractère de
la chambre des communes n'a pas varié; le monarque
compte parmi ses membres ses plus fidèles serviteurs et
le pays ses plus grands citoyens. Qui a nommé cette
chambre? Les classes moyennes.

Il ne faut donc pas s'effrayer du nombre des citoyens.

Je conçois que lorsque les masses sont tout-à-fait ignorantes, comme en Espagne, les passions prennent la place
des opinions diverses, et il peut y avoir entraînement;
mais lorsqu'il y a assez de lumières dans un pays pour
que ces masses consultent plutôt leurs intérêts que leurs
passions, la réunion des individualités ne peut donner
que la somme des volontés particulières; or, en France,
nous sommes dans ce cas. Les classes moyennes, sans
être instruites, sont très-éclairées sur leurs intérêts; les
développemens de la démocratie par ces classes ne doit
donc inspirer aucune crainte.

Je vais plus loin d'ailleurs, et pour rassurer tout-à-fait

les esprits prévenus (et comme les objections contre ce système ne viendront pas des démocrates) , je crois devoir démontrer que mon projet n'est pas en désaccord avec les principes aristocratiques.

Le gouvernement qu'on nomme aristocratique n'est-il pas celui où la souveraine puissance est entre les mains d'un certain nombre de personnes qui font les lois et les font exécuter (1)? Or, en France, ce sont les *pairs* et les *députés* qui font les lois, et s'ils n'ont pas le pouvoir de les faire exécuter, toujours est-il qu'ils ont le droit de renverser ceux qui les violent, ou ceux qui les exécutent autrement qu'ils ne le veulent ; de ce droit à l'exécution même, il n'y a pas bien loin. Il est vrai qu'au roi seul est réservée la sanction ; mais que peut être l'exercice de ce droit devant la volonté forte des chambres et de l'opinion publique ?

Il faut donc reconnaître qu'il y a chez nous, non pas une aristocratie telle qu'on la concevait jadis, mais des pouvoirs aristocratiques, et que les individus, membres de ces pouvoirs, forment une espèce de classe privilégiée, plus privilégiée même que la noblesse d'autrefois ; car l'électeur, le député, le pair, exercent le droit de souveraineté.

L'ancienne noblesse formait un ordre, à cet ordre étaient attachés des priviléges ; mais ces priviléges ne lui conféraient pas le pouvoir constituant, et comme ordre, elle était dans la dépendance du souverain, qui en était comme le grand maître.

Ainsi le gouvernement constitutionnel, ennemi des priviléges, comporte cependant très-bien des pouvoirs aristocratiques, pourvu que les membres de ces divers pouvoirs marchent de pair avec le chef de l'état.

(1) Montesquieu.

Or, voici ce que nous dit Montesquieu relativement aux forces aristocratiques qui doivent se trouver dans ce mode de gouvernement, où un certain nombre de citoyens sont revêtus du pouvoir suprême.

« La meilleure aristocratie est celle où la partie
« du peuple qui n'a point de part à la puissance est
« si petite et si pauvre que la partie dominante n'a
« aucun intérêt à l'opprimer. Ainsi, quand Antipather
« établit à Athènes que ceux qui n'auraient pas 2000
« drachmes seraient exclus du droit de suffrage, il
« forma la meilleure aristocratie qu'il fût possible, parce
« que ce cens était si petit qu'il n'excluait que peu de
« gens, et personne qui eût quelque considération dans
« la cité. Les familles aristocratiques doivent donc être
« peuple autant que possible; plus une aristocratie ap-
« prochera de la démocratie, plus elle sera parfaite, et
« elle le deviendra moins à mesure qu'elle approchera
« de la monarchie. »

Maintenant examinons à quoi tend le système dont j'ai posé la base : précisément au résultat prévu par Montesquieu, à n'exclure aucun de ceux qui jouiront de quelque considération dans la cité.

En créant le citoyen, en étendant sa force par l'accroissement du nombre, je me conforme donc au principe du gouvernement aristocratique, et j'arrive à ce résultat, que les familles de citoyens, c'est-à-dire, suivant moi, les familles faisant partie de l'aristocratie, seront peuple autant que possible ; principe constitutif de ce mode d'organisation politique ; principe sans lequel il serait privé de toutes conditions de vitalité, tandis que dans notre organisation actuelle les familles nobles ou se disant telles sont à peine de 60 mille sur une population de trente deux millions d'habitans.

Ainsi, dans un pays où l'aristocratie de naissance inspire une jalouse envie, et où l'on supporte si difficilement les supériorités de talens et de fortune, les aristocrates sont en si petit nombre qu'ils ne pèsent presque plus dans la balance politique, et la faute en est, en grande partie, à l'aristocratie, qui a toujours cherché à s'épurer, et qui n'a pas vu qu'en se resserrant elle devenait d'autant plus imparfaite; et jusqu'à ce jour on n'a pas eu l'idée de détruire, ou au moins d'affaiblir l'antipathie qu'elle inspire, en augmentant par le nombre son poids dans les forces générales de l'état, nombre très-facile à trouver, puisque les individualités sont très-disposées à en faire partie, et ne s'élèvent contre elles que parce qu'elles y sont étrangères. En effet, la haine contre les nobles n'est autre chose que l'amour même de la noblesse. Le dépit de ne la pas posséder se console et s'adoucit par le mépris que l'on témoigne de ceux qui la possèdent.

L'augmentation progressive du nombre des électeurs renferme donc les conditions les plus fortes de durée et de conservation.

Aux partisans de la démocratie, je leur offre l'adjonction des capacités, l'augmentation progressive du nombre des électeurs que je crée citoyens.

Aux partisans de la monarchie, je leur montre que ce projet ne s'écarte pas des principes et des conditions de l'aristocratie la plus parfaite; qu'en ne l'adoptant pas, ils se rapprochent beaucoup trop de la monarchie pure, et seront entraînés avec elle.

Qu'on le remarque, l'aristocratie, retrempée dans les classes moyennes, n'inspirera plus d'inimitié, la haine, comme toutes les passions, en s'étendant disparaîtra peu à peu; elle n'aura plus devant elle ces priviléges qui l'entretiennent et la nourrissent, puisque tout Français sera citoyen s'il réunit les conditions déterminées par la loi.

Ici, la volonté, la faveur du prince seront sans influence et ne pourront inspirer aucune jalousie, puisque les droits et les honneurs de la cité ne dépendront plus des caprices de la cour, mais de la volonté toujours égale, toujours immuable de la loi. Alors il n'y a plus d'exclusion, plus de priviléges odieux, puisque chacun, avec du travail, de l'ordre et de la capacité, pourra prendre place dans tous les rangs.

La démocratie ne sera pas non plus à redouter, puisqu'elle sera resserrée dans ce tiers-état essentiellement monarchique et aristocratique par ses mœurs et ses passions. D'où vient que la démocratie coule à pleins bords et menace continuellement de faire explosion ? C'est que ses élémens ne trouvent pas jour à se transformer en aristocratie. C'est la vapeur qui brise le vaisseau qui la contient, parce qu'on a négligé de laisser libre la soupape de sûreté; de là aussi naît l'embarras du pouvoir, car le même homme est successivement démocrate et aristocrate. Les opinions politiques varient en France comme la position sociale et les accidens de la vie humaine. Faites donc que les classes moyennes soient aristocrates, non par une transmission de titres héréditaires, mais par les honneurs attachés à la qualité de citoyen et par la considération dont vous environnerez ce titre, et vous n'aurez plus rien à redouter. En un mot, pour consolider la monarchie et modérer l'action de la démocratie, il faut aristocratiser le tiers-état. Enfin, je dirai aux démocrates : Ce système ne doit pas vous effrayer, car les républiques de Grèce et de Rome, considérées sous un certain point de vue général, n'étaient que des aristocraties. Le peuple, c'étaient les esclaves, les citoyens étaient les nobles.

Pour retrouver le chemin des anciennes républiques, il faudrait d'abord recréer l'esclavage, et loin de le vouloir, vous proclamez l'émancipation des peuples ; et par cela seul, et comme il est impossible évidemment que trente-deux millions d'individus soient égaux en fortune, en capacités, que les passions humaines, toujours actives, sont là toujours présentes pour déranger le niveau que vout cherchez, il est vrai de dire qu'en proclamant l'égalité de tous, il y aura d'autant plus d'individualités qui voudront y participer, et par conséquent, par la succession et le progrès des temps, d'autant plus d'inégalités.

Ainsi, c'est le système généreux du libéralisme largement entendu qui rend la république impossible, et nous entraîne pour des milliers de siècles vers l'aristocratie. Tâchons donc de la populariser, faisons-la peuple autant que possible, d'abord pour modérer la démocratie, dans son intérêt même, et pour détruire en même temps, dans l'aristocratie, tout ce qu'elle a de blessant pour nos idées d'égalité.

Cependant, en ajoutant au nombre des citoyens et à leur considération, je sentirai le besoin d'avoir un corps puissant autour du monarque ; ce corps, je ne puis le rencontrer que dans la pairie : tout dépend donc de sa constitution.

Beaucoup de publicistes, et l'opposition en masse, repoussent l'hérédité de la pairie.

Elle est, dit-on, inconciliable avec l'égalité constitutionnelle des citoyens ; la fonction la plus importante, celle de faire des lois, ne doit pas être conférée au hasard, sans qu'on puisse connaître la moralité ou la capacité du législateur ; une assemblée composée de supériorités vraiment nationales peut, quoique viagère ou même temporaire, réunir les conditions de force morale, de stabilité et d'indépendance qui sont désirables,

Le besoin de garder une position éminente rend
l'aristocratie conservatrice et indépendante; l'éclat
des talens et des services rendus donne la considération, enfin l'hérédité attribuée à la couronne suffit
pour la garantir des orages, lorsque le prince s'appuie sur les véritables intérêts du peuple; et d'ailleurs,
si le trône est héréditaire, c'est avant tout dans l'intérêt de la nation, et ce même intérêt doit décider
à repousser un autre pouvoir héréditaire qui tendrait
toujours vers l'accroissement de ses priviléges. En
effet, les hommes qui en seraient revêtus tourneraient
leur ambition vers l'amélioration du sort de leurs
enfans et de leurs amis, et si l'on pense que leur hérédité serait la garantie de leur esprit de conservation, on
pourrait dire aussi qu'ils le pousseraient jusqu'à défendre incessamment leurs priviléges, au risque de provoquer des révolutions sanglantes. Dans les pays où il n'y
a plus d'aristocratie féodale, et où ses derniers vestiges
ont été effacés par la raison publique, l'hérédité du pouvoir de la chambre aristocratique paraît être une chose
inutile et dangereuse; inutile, parce que les intérêts que
des sénateurs héréditaires seraient appelés à représenter
n'existent plus; dangereuse, parce que nul ne peut calculer la portée et tracer les limites de leur influence toujours croissante par les places obtenues, le pouvoir accru
et les richesses accumulées par l'effet des majorats et des
substitutions qui en sont inséparables.

« Cette hérédité serait aussi repoussée par les mœurs
publiques et la conscience éclairée de la nation, si les
lois du pays tendaient à propager la division des propriétés, et si leur influence la favorisait et la multipliait. »

« Dans un tel pays, l'unique base de la chambre aristocratique doit se composer des talens, des vertus, des

services rendus à l'état, et du patronage honorable que donne une grande fortune bien employée (1). »

Ces raisons sont très-fortes sans doute, mais elles ne sont pas déterminantes; je crois même qu'elles sont plus que balancées par des raisons contraires. Je reprends les objections principales.

« Si le trône est héréditaire, c'est avant tout dans l'intérêt de la nation; et ce même intérêt doit décider à repousser un autre pouvoir héréditaire qui tendrait toujours vers l'accroissement de ses priviléges, qu'il défendrait au risque de provoquer des révolutions sanglantes. »

Les pairs, dites-vous, défendre leurs priviléges! mais à voir la débilité de la pairie et le rôle qu'elle a joué dans nos révolutions, il se passera bien des années avant qu'elle puisse reconquérir cette influence nécessaire à l'équilibre de la chose publique, influence dont on effraie, suivant moi, bien à tort, notre imagination. C'est vraiment prévoir les malheurs de bien loin, c'est trembler devant une ombre. La pairie provoquer des révolutions! mais elle en subit toutes les conséquences, elle ne peut pas même circonscrire leurs effets dans le pouvoir royal qui succombe presque sans lutte avec elle. Admettons cependant l'hypothèse des adversaires de l'hérédité comme un fait qui va se révéler tout-à-coup; eh bien! nous combattrions contre la pairie usurpatrice comme nous avons combattu contre la royauté violant ses sermens; où serait le

(1) Tout ce résumé est extrait de l'ouvrage de mon honorable ami M. Macarel, conseiller d'état, qui s'est prononcé contre la pairie héréditaire. (Voir *Élémens de droit politique*.) J'ai adopté une opinion contraire à la sienne, et cependant l'influence qu'exerçait sur moi sa manière de voir a été si forte, qu'elle m'a déterminé à chercher le moyen d'ôter à la pairie tout ce que l'hérédité pouvait avoir de blessant pour nos idées d'égalité. Je crois, si ce n'est pas une illusion d'auteur, avoir atteint le but. (Voir pag. 47.)

mal? Voulez-vous donc ne rien laisser à faire à nos descendans, et à force de détruire les obstacles qu'ils
pourraient rencontrer, les obliger à réédifier chaque
jour un nouvel édifice politique. Mais « l'intérêt de
la nation doit décider à repousser un second pouvoir
héréditaire. » Puisque vous admettez que l'intérêt de la
patrie exige l'hérédité du trône, il faut bien que le pays,
dans ce même intérêt, entoure la royauté des institutions
qui peuvent la consolider; sans quoi, au lieu de trouver
des garanties de stabilité dans cette hérédité, l'intérêt
de la nation sera chaque année compromis par la fragilité
du trône.

La question n'est donc pas de savoir si les intérêts du
pays exigent qu'on repousse un deuxième pouvoir héréditaire; mais il s'agit de rechercher si le trône isolé,
sans aucun pouvoir qui se rattache à lui, peut se consolider; car, dans le cas de la négative, le plus grand intérêt du pays est lésé.

« Les hommes qui seraient revêtus de cette dignité héréditaire tourneraient leur ambition vers l'amélioration
du sort de leurs enfans et de leurs amis. » Que la pairie
soit héréditaire, qu'elle soit viagère, les pairs chercheront
dans les deux hypothèses à fonder avec une égale ardeur
l'avenir de leur famille; et même, plus le sort de leurs
enfans sera précaire; plus ils mettront leurs actes et leurs
votes dans la dépendance du prince. Ils voudront, par
leurs services particuliers, leurs complaisances, déterminer
la nomination de leurs fils; ils s'efforceront de placer autour du trône leurs créatures, pour se former une sorte
de patronage qui seconde leur ambition.

Le pair héréditaire, au contraire, reste fier, indépendant sur sa chaise curule; respecté au milieu des orages
révolutionnaires, il n'a pas besoin d'être courtisan; la

dernière partie de sa vie ne donne pas un démenti solennel à la première; il n'a rien à demander au pouvoir, rien à attendre du prince; son fils lui succède par la puissance du droit.

« La pairie héréditaire a pour escorte des majorats. » Mais la pairie viagère entraînera avec elle des fraudes odieuses; le pair viager, par le sentiment d'une ambition qui est dans nos mœurs, voudra que l'aîné de ses fils lui succède avec éclat, et l'avantagera par des moyen détournés. Ainsi, inconvénient égal des deux côtés, plus grand même dans le dernier cas; car les pairs, qui ne le seront que par le choix du prince, auront une fortune à créer. Il faudra que le roi ou l'état y pourvoie. Mais d'ailleurs, où est la nécessité des majorats?

Je les crois tout à la fois dangereux et inutiles; dangereux, parce qu'ils sont contraires à l'égalité des citoyens et à la division des propriétés; inutiles, parce que les alliances suffiront pour soutenir la position sociale des pairs; la haute finance et l'aristocratie commerciale, l'aristocratie même de naissance aspirent avec ardeur à mêler leur sang à celui de la pairie, et sauront bien relever les fortunes déchues.

« L'hérédité attribuée à la couronne suffit pour la préserver des orages, lorsque le prince s'appuie sur les véritables intérêts du peuple. » Dans un gouvernement constitutionnel la question de savoir quels sont les véritables intérêts du peuple sera toujours très-controversée; il y aura toujours une opposition forte, nombreuse, qui prétendra qu'elle seule soutient les droits du peuple, qu'elle seule veut son bonheur. Voyez la France en ce moment.

Que dit l'opposition; elle prétend que les véritables intérêts du peuple consistent dans des économies; dans un gouvernement à bon marché, et dans une influence extérieure dont le pays est privé.

Le gouvernement répond que le meilleur mode d'administrer aujourd'hui les états consiste dans les développemens du commerce et de l'industrie, dans le travail; que les économies seraient illusoires, insignifiantes; et, quant aux relations extérieures, que le bienfait de la paix est au-dessus de tout; qu'on ne peut plus gouverner à la manière de Napoléon, et qu'il vaut mieux négocier avec habileté que de se livrer à d'éternelles guerres, dans lesquelles le pays, qui compte déjà tant de victoires, pourrait perdre, au moins momentanément, les développemens de son industrie, et voir couler inutilement le sang toujours si précieux de ses enfans. Ainsi des deux côtés se présentent des raisons graves et qui méritent un examen sérieux. Le peuple, considéré dansses masses encore ignorantes, est-il à même d'apprécier tous ces grands intérêts? Il faudrait l'initier aux principes de l'économie politique, aux questions diplomatiques qui agitent l'Europe. Or, comment soutenir que le trône, isolé, privé de toute espèce d'appui et d'institutions qui s'harmonisent avec lui, pourra toujours lutter, et lutter heureusement, si une force brutale, enflammée par les exaltations de la presse et par une opposition ardente, veut à chaque instant peser ce qu'elle prétend être ses intérêts. Dans ce cas, soyons francs, les prétendus intérêts du peuple ne sont autres que ses passions, et la question ne trouve plus sa solution que dans le droit du plus fort. L'opposition, d'ailleurs, n'est pas la seule force qui réagisse sur la royauté; il faut calculer aussi l'action extérieure des puissances de l'Europe.

Loin de moi d'admettre la moindre domination sur mon pays de la part des puissances étrangères. Tout mon sang bouillonnerait à cette pensée. Mais si je repousse toute idée de domination, je conçois très-bien une action, j'admets très-volontiers que l'Europe civilisée ait une influence au moins indirecte sur une nation également civilisée, de même que nous en avons une sur presque tous les peuples du monde; et cette action de notre part est si visible, que nous imposons à l'univers notre langue, et à une partie de l'Europe nos mœurs et nos lois.

Or, de quoi se compose l'Europe civilisée? En grande partie de l'aristocratie territoriale et de naissance. Si donc nous n'accordons pas à l'aristocratie française une juste et légitime influence, si nous la traitons en ennemie, nous nous déclarons en même temps ennemis de toutes les aristocraties européennes, et par cela seul celles-ci chercheront, par une réaction toute naturelle à souffler la discorde, à maintenir l'aristocratie française déchue dans un état d'hostilité continuelle contre les libertés du pays, lui représenteront dans un avenir peut éloigné la suppression de l'hérédité de la noblesse comme une conséquence de l'anéantissement de l'hérédité de la pairie, et entretiendront ainsi à toujours parmi nous une conspiration flagrante contre le peuple.

Comme philosophe, je ris de la noblesse et de ses prétentions; comme homme politique, je crois qu'il faut tenir à la pairie héréditaire, d'une part, pour que les notabilités étrangères cessent de conspirer contre nous, et enfin pour rassurer, dans l'intérieur, toute cette aristocratie provinciale effrayée du mouvement révolutionnaire qui l'entoure, et qui, suivant elle, menace incessamment, non pas seulement ses titres, mais les propriétés sur lesquels ils reposent (1).

(1) Le ministère a commis une faute politique en laissant prononcer

« L'unique base de la chambre aristocratique doit, dit-on, se composer des talens, des vertus, des services rendus à l'état, et du patronage honorable que donne une grande fortune. »

Pour qui connaît l'état de notre société, c'est dire que la nomination des pairs ne sera plus qu'une affaire d'intrigue et de camarilla, et comme il y a toujours à la cour beaucoup d'hommes qui ont rendu de grands services à l'état (quels que soient d'ailleurs les vertus et le noble caractère du prince), c'est la cour qui nommera, et elle ne nommera, soyez-en sûr, que ceux dont les opinions connues lui garantiront la nature de leurs votes. Alors plus d'indépendance, prostitution de l'un des pouvoirs, et bientôt révolution. Le prince aurait-il assez d'énergie pour faire lui seul les choix? Par sa position et ses liaisons politiques, il sera amené tout naturellement à nommer pairs ceux avec lesquels il aura passé sa jeunesse, ceux qui lui auront témoigné du dévoûment dans des circonstances difficiles; les fils du prince, parvenus au trône, nommeront par les mêmes motifs les enfans des pairs décédés; de sorte que le fait devant à toujours dominer le droit, à quoi sert d'avoir détruit le droit?

« Mais la fonction la plus importante de l'état sera

l'ordre du jour sur une pétition qui avait pour but de réclamer l'exécution de la loi pénale contre tous ceux qui prenaient des titres sans droit. D'abord cette décision est tout-à-fait contraire aux principes de la monarchie constitutionnelle, et, en outre, elle ne favorise que les fripons et les intrigans. Quel est donc l'honnête homme, l'homme même, qui ait tant soit peu de pudeur, qui se permette de prendre un titre qui ne lui appartienne pas? La question des titres se lie plus qu'on ne croit à l'existence de la royauté. Dans un pays où l'on peut prendre des titres à volonté, le prince ne peut plus en donner, et alors il n'y a plus de prince, car l'habile distribution des honneurs c'est l'action principale de la monarchie.

donc conférée au hasard sans qu'on puisse connaître la moralité et la capacité du législateur? Le hasard est-il plus aveugle que l'élection? Les députés sont-ils donc tous des hommes de génie, ou même tous d'une intelligence remarquable? Sous la restauration la chambre des pairs, considérée dans ses capacités, a-t-elle manqué à la patrie? On a compté dans son sein autant d'hommes supérieurs que dans la chambre des députés. Enfin le prince aura toujours le droit d'introduire dans le sénat les illustrations signalées par l'opinion publique; dès lors on n'a point à craindre que l'absence d'hommes de talent prive la chambre de cette haute considération et de ce lustre qui lui appartient; et d'ailleurs l'habitude des affaires étend même les esprits médiocres, leur donne une portée qu'ils n'auraient jamais eue sans cela. Les exemples d'un père, des relations fréquentes avec des hommes d'une grande capacité, une éducation soignée, le désir de soutenir sa dignité, tous ces motifs contribuent à donner même l'avantage aux enfans des pairs héréditaires. Mais l'hérédité n'a-t-elle pas été repoussée par la chambre à une immense majorité? et n'est-il pas clair maintenant que la France ne veut pas d'une pairie héréditaire? Je conviens que toutes les nuances de l'opposition sont en apparence d'accord sur ce point; mais je crois que ses membres les plus marquans regrettent de s'être ainsi avancés, et que la presse, mue à son insu par des passions particulières, a induit en erreur la masse de la nation. Je concevrais fort bien qu'on eût demandé à la révolution de juillet de détruire l'hérédité de la noblesse; mais laisser subsister l'hérédité de la noblesse et détruire la pairie héréditaire, c'est conserver l'abus, et priver nos institutions de ce qui pouvait le rendre supportable. L'hérédité dans le sénat n'affecte point les masses. Que m'importe à moi, peuple de 3a millions, qu'il y ait cinq cents familles qui se transmettent les titres et même les droits de leurs aïeux? ce qui m'intéresse, c'est de ne pas rester exposé à l'insolence héréditaire et à la tyrannie de bas étage de cette petite noblesse provinciale, si sottement fière de ses parchemins acquis dans toutes sortes de domesticités de cour.

Autant il y a de justes mépris pour elle, autant il y a dans le peuple un sentiment de vénération pour ces familles dont le nom se lie aux premiers siècles de la monarchie, ou aux époques les plus glorieuses de notre histoire moderne. La loi pourra bien supprimer l'hérédité, mais l'opinion et l'usage dans sa toute-puissance abrogeront la loi. Les noms historiques de Montmorency, de Talleyrand, de Choiseul, de Masséna, de Foy, aux yeux du peuple français, feront toujours partie des pairs héréditaires ; et si le prince n'appelle pas au sénat les descendans de ces hommes illustres, le peuple dira : Ils devraient y siéger. Cette heureuse disposition du peuple français à croire que les enfans peuvent perpétuer les vertus et la renommée de leurs pères, vous la détruisez par vos institutions viagères, vous ravissez ainsi à la nation le peu qui lui reste de ses glorieux souvenirs d'antiquité, et vous ferez si bien que son indifférence, grâce aux principes déposés dans les lois, s'étendra sur les derniers vestiges de gloire et jusque sur les cendres de ses ancêtres.

Cette opposition à l'établissement de l'hérédité de la pairie ne provient, suivant moi, que de la légèreté de décision des masses populaires et de leur ignorance dans la constitution des pouvoirs. Elles seraient frappées de surprise si on leur disait qu'à Rome il y avait un patriciat héréditaire; aussi je ne crains pas de dire comme un illustre député : « Avec l'hérédité périt la pairie,

« avec la pairie peut-être la royauté héréditaire, et dans la
« république même, le principe de la stabilité, de la di-
« gnité, de la durée (1). » Oui, un patriciat héréditaire est
nécessaire dans l'état le plus démocratique, et précisément
parce que cet état est tout-à-fait démocratique. L'agitation,
le mouvement, quelquefois des troubles populaires, c'est à
cela que l'on reconnaît la démocratie pure; et cette agitation perpétuelle, ces troubles, sont la condition même
de sa durée. C'est un orage terrible qui purge l'atmosphère
en la traversant.

Quel est dans ce cas le pouvoir qui pourra contenir
les flots déchaînés ?........ Une aristocratie, une puissance héréditaire. Ce ne sera pas le pouvoir monarchique, puisque nous raisonnons dans l'hypothèse où le
trône n'existe plus. Il n'y a donc que l'action combinée
des principaux citoyens qui puissent réunir assez d'élémens de force pour arrêter l'essor trop violent de la lave
démocratique; et cette influence sociale, cette puissance
des grands, ne peut exister sans principes fixes, arrêtés,
sans transmission de ces principes, par conséquent sans
hérédité. Un état absolu de liberté, d'égalité, sans contre-
poids, doit tôt ou tard engendrer une anarchie épouvanta-
ble. Car sur qui donc réagiront les passions populaires?
Sur le peuple lui-même.

Le véritable état républicain a son principe dans la vertu
portée au plus haut degré de désintéressement. Cet état
suppose par conséquent que cette vertu est en action continuelle, car sans cela le principe fondamental du gouvernement serait vicié; or, elle ne peut se conserver que
dans une lutte contre les grands, lutte qui peut les briser
momentanément, mais dont ils sortent, en définitive,
victorieux au moyen de l'hérédité.

(1) Royer-Collard, *Discours sur la pairie.*

C'est par l'histoire des siècles qui nous ont devancés que nous devons, autant que possible, apprécier la valeur et le mérite des institutions politiques. C'est le seul moyen de ne pas s'égarer dans des rêves brillans d'espérances et trompeurs en réalité. Consultons donc encore cette histoire, si féconde en grands enseignemens, surtout depuis 89.

D'abord apparaît la Convention , puis le conseil des Cinq-Cents et le conseil des Anciens, ensuite un Corps législatif et un sénat à vie, enfin une chambre des députés et une pairie héréditaire.

— Sous l'empire d'une seule chambre la France est soumise au règne de sang de Danton et de Robespierre.

— Au 18 fructidor, le conseil des Anciens laisse déporter plus de cinquante députés du conseil des Cinq-Cents. Ils meurent déplorablement dans un désert, sans être jugés; ils étaient citoyens français; ils étaient innocens !

— Au 18 brumaire, ce même conseil aide Bonaparte à s'emparer en despote du gouvernement, et détermine ainsi la chute de la constitution.

— Napoléon crée un sénat viager, le sénat se prête avec une vile complaisance à toutes les volontés du maître.

— De consul pour deux ans on le fait consul à vie , puis empereur héréditaire. Bientôt les sénateurs consentent à la suppression du tribunat; bientôt ils mettent la jeunesse française en coupes réglées. Le sénat ne sait qu'obéir. A côté de ce tableau de toutes les fautes, de tous les crimes même, commis par les divers pouvoirs viagers, méditez sur cette époque de 1814 qui donne naissance à la pairie héréditaire; sans doute, jeune par sa création, elle hésitera souvent, elle ne fera pas tout ce qu'elle devrait faire , et cependant elle a rendu à la France d'éminens services. C'est elle qui a repoussé la loi sur le droit d'aînesse, la loi d'amour et de justice ; c'est elle qui a protesté contre le rétablissement des jésuites ; c'est elle qui a voté la loi sur les listes du jury et préparé ainsi la loi électorale ; c'est elle enfin qui, par une opposition sage, mesurée, a prouvé au pouvoir qu'elle saurait résister dans des circonstances plus graves.

Aussi Charles X a-t-il choisi, pour rendre ses ordonnances, le moment où il était impossible de la rassembler (1).

De toutes les institutions qui se sont succédé depuis 89, la pairie héréditaire seule a parlé haut, a su mettre avec mesure un frein aux volontés du chef de l'état, et cependant c'était une pairie composée en grande partie de courtisans ; c'est que les broderies du courtisan disparaissent toujours devant le manteau du pair, lorsque ce manteau doit se transmettre à ses descendans. Oui, l'hérédité seule affaiblit pour les rois les dangers des cours. Il faut une pairie héréditaire à un prince constitutionnel, pour qu'il soit entouré, non de valets, mais d'hommes, oui, d'hommes, de citoyens ; on en compte si peu dans les palais des rois !

Mais ne parviendra-t-on pas à ressusciter ainsi l'aristocratie féodale ? On ne ressuscite pas les morts ; c'est se faire peur d'une ombre. Une aristocratie féodale n'est plus possible en France ; elle serait renversée avant de pouvoir prendre l'accroissement nécessaire à sa constitution. Il ne s'agit que d'une aristocratie purement politique, et qui affermisse par son

(1) Une loi devrait exiger que les pairs, au nombre de deux cents' fussent toujours résidans à Paris, de manière que la chambre pû être réunie au moment même de sa convocation. Le roi n'est-il pas obligé par la force des choses d'habiter presque constamment dans la capitale ? Pour avoir un caractère plus imposant, la chambre ne devrait jamais discuter et voter une loi, le budget, par exemple, sans être au nombre de 300 membres au moins.

indépendance même la royauté constitutionnelle. L'hérédité seule peut rendre la chambre toutà la fois
indépendante du pouvoir démocratique et du pouvoir
monarchique.

Cependant, et malgré toute la force de ces raisons, je me trouve arrêté par une objection grave
qui tient aux circonstances politiques où nous nous
trouvons. Ce corps héréditaire que je crois si utile au
maintien du gouvernement représentatif, on ne peut
l'improviser; il a succombé devant notre révolution.
Pourquoi user dans de vains efforts les ressorts si affaiblis de la monarchie, pour tâcher de recréer un
pouvoir qui ne donnerait peut - être immédiatement
aucun appui de plus à la monarchie, et aliénerait
beaucoup de libéraux sincères? Il est bien difficile,
et en France surtout, de revenir sur un fait accompli et qu'on regarde comme une liberté que
le peuple a conquise; cependant il faut atteindre
ce résultat, sans quoi il n'y a pas, à mes yeux,
de véritable monarchie constitutionnelle, sans quoi il
devient impossible d'étendre le système électoral, sans
quoi il n'y a plus de progrès. Tout se lie dans notre
gouvernement (1).

(1) Avant de me décider pour l'hérédité, j'ai examiné tous les
systèmes présentés, et je n'en ai vu aucun qui pût satisfaire l'homme qui
cherche un point fixe et rationnel dans nos institutions. Lors de la
discussion de la loi sur la pairie à la chambre des députés, ces
systèmes ont tous été repoussés à une grande majorité. Ecoutons
M. le duc Decazes, qui a traité cette partie de la question d'une
manière supérieure.

« Deux chambres et une autorité exécutive, comme fut le directoire
« ou l'empire, ne constituent pas le gouvernement des trois pouvoirs.

« Si les deux chambres ont une origine commune, l'élection po
« pulaire, directe ou indirecte, alors elles ne sont que la délégation
« d'un pouvoir, et le troisième corps, qu'elles créent par une autre

Il n'appartient pas à un homme inconnu de juger de l'opportunité de la mesure. Toujours est-il qu'il faut revenir à ce principe fondamental. Peut-être le gouvernement pourrait-il, en s'expliquant franchement, combiner le rétablissement de l'hérédité avec une loi qui adjoindrait au système électoral toutes les capacités.

Mais, d'ailleurs, ne serait-il donc pas possible de concilier ici et tous les vœux et tous les intérêts ? Y aurait-il donc un problème insoluble dans la constitution de la pairie héréditaire et dans la jouissance la plus étendue des libertés publiques ? Faudra-t-il faire céder la force de nos institutions devant cette raison qui domine les esprits : peut-on être législateur par droit de naissance ?

« délégation, n'est qu'une représentation indirecte du pouvoir par « qui elles ont été elles-mêmes instituées ; c'est le gouvernement « populaire. Si les chambres, au contraire, ne sont, comme sous l'em- « pire, qu'une émanation de l'autorité exécutive, et que, soit qu'elles « s'appellent Corps législatif, Tribunat ou Sénat, elles n'aient de « populaire que le nom, et n'existent que par la volonté du pouvoir « qui les a constituées, celui-ci composera seul le gouvernement, et « aura avec raison, ainsi que nous l'avons vu, la prétention d'être « l'unique représentant du pays, qui, en effet, n'attendra que de lui « la part de liberté et d'indépendance qu'il jugera à propos de lui laisser.

« Pour que le gouvernement des trois pouvoirs soit réel, il faut « que chacun de ces pouvoirs ait une existence qui lui soit propre, « une origine distincte et qui se suffise à elle-même ; il faut que di- « vers par leur principe, égaux par leur indépendance, tout en s'ap- « puyant sur le même sol et tendant au même but, ils aient une « autre vie, d'autres racines, et que les mêmes orages ne les attei- « gnent pas. C'est la condition de tout pouvoir constitutionnel d'être « par soi-même, de n'accepter jamais d'appui sans le rendre, de ne « recevoir que pour donner, d'être l'égal de celui même qu'il recon- « naît pour chef, d'avoir des droits inviolables que son devoir est « de défendre contre toute agression, de quelque part qu'elle vienne, « en n'obéissant jamais qu'à la conviction réfléchie de l'intérêt du pays.

« Si l'existence de l'un des trois pouvoirs dépendait de la volonté « des deux autres, il n'y aurait plus que deux pouvoirs, et bientôt

Je pense que sans altérer le principe conservateur de l'hérédité, on peut lui enlever tout ce qu'il a de blessant pour nos idées d'égalité et pour notre ambitieux amour-propre.

De grands colléges de département, qui ne seraient composés que des éligibles à la chambre des députés, ne pourraient-ils pas être appelés, non pas à nommer les pairs, mais à délibérer sur la question d'admissibilité du fils du pair décédé?

Je suppose qu'une loi prescrirait les règles et formalités suivantes :

Les pairs ne pourraient plus siéger à la chambre que lorsqu'ils auraient atteint l'âge de vingt-sept ans. Le jeune pair présenterait requête à la chambre à vingt-cinq ans; la chambre renverrait cette demande d'admission au ministère; et alors, dans un délai déterminé, le roi rendrait une ordonnance par laquelle il convoquerait dans le chef-lieu le collége de département du domicile du pair, pour délibérer sur la question d'admissibilité. Le collége de département, après avoir suivi les formalités prescrites pour les élections des députés, sans exprimer de motifs, et à la simple majorité des voix, prononcerait par ces mots :

« Le collége déclare qu'il y a lieu d'accueillir la demande, et, dans le cas de refus, *le collége ajourne.* »

Cette délibération serait renvoyée au ministère. Dans le cas d'admission, la chambre des pairs, sur le vu de la délibération, prononcerait aussitôt cette admis-

« il n'y en aurait qu'un; car entre deux autorités en présence, sans
« contre-poids, sans médiateur, la lutte serait sans autre issue que
« la destruction de celle qui aurait à ses ordres et appellerait à son
« aide moins d'intérêts et moins de passions. Le premier besoin du
« gouvernement est donc d'avoir des pouvoirs indépendans et forts. »
(Extrait du rapport de M. le duc Decazes.)

sion. Dans le cas d'ajournement, le roi procéderait dans l'année à une autre nomination.

Examinons la question sous les points de vue qu'elle présente; réfléchissons à ses effets sur les divers pouvoirs constituans, et d'abord parlons du pair dépossédé.

L'amour-propre du jeune pair, qui verra sa demande ajournée, sera sans doute vivement blessé; mais cette perte d'un titre n'est point un déshonneur, et il se trouvera dans la position d'un candidat à la députation, qui succombe devant un collége électoral.

D'ailleurs, le pair repoussé par le collége peut rendre un jour des services au pays, et alors je crois qu'il serait bien de réserver au roi, mais après dix ans au moins, et après un avis motivé du conseil d'état, avis fondé sur les nouveaux services rendus, le droit dénommer le pair dépossédé. (Cette nomination vaudrait bienpour lui l'hérédité.) A moins toutefois que lepair, au moyen de l'ajournement prononcé, ne préfère, après avoir obtenu l'autorisation du roi, se représenter au collége avant les dix ans, et n'aime mieux devoir ainsi son admission dans la chambre au suffrage de ses concitoyens qu'à une ordonnance royale.

Mais, me dira-t-on, les colléges ne repousseront-ils pas tous les candidats? et alors que devient l'hérédité, que vous regardez comme un des piliers de l'édifice constitutionnel?

Je crains, je l'avoue, plutôt la faiblesse des électeurs que leur énergie. Remarquez, en effet, que ce n'est pas une nomination qu'ils font, c'est une nomination faite par la puissance de la loi qu'il faut anéantir, et il y a une différence immense entre le fait de choisir un candidat parmi plusieurs qui aspirent à être nommés, et le fait de refuser un *admittatur* à l'élu de la loi fondamentale. Les électeurs prononcent ici par voie d'exclusion,

Mais c'est une question d'incapacité, d'indignité dont vous saisissez les électeurs, et ce genre d'examen n'est pas dans nos mœurs.

Si les mœurs doivent dicter les lois, il est utile aussi quelquefois que les lois tendent à modifier les mœurs, surtout quand on en reconnaît la nécessité dans un grand intérêt politique; nous sommes dans un labyrinthe, il faut en trouver l'issue. Et d'ailleurs, pourquoi l'électeur, désigné par la loi pour délibérer sur l'admission du jeune pair, n'aurait-il pas le courage du citoyen appelé à juger son semblable? La loi ne lui demande que l'expression franche de sa conviction; comme un juré, qu'il prononce la main sur sa conscience.

Mais les colléges deviendront peu à peu usurpateurs; ils s'empareront de la question politique, ils jugeront le fils par le père. Non, car c'est un jeune homme de vingt-cinq ans qui se présente à eux, et qui n'aura pas assez marqué par ses opinions politiques pour que des hommes éclairés le rendent responsable des opinions de ses ancêtres. N'oubliez pas que dans mon système la loi n'appelle à se prononcer sur la question d'admission ou d'ajournement que les électeurs payant 5oo fr. de contributions (les éligibles à la chambre des députés), et qu'un collége ainsi composé renfermera tout ce qu'il y a en France d'élémens aristocratiques. Les électeurs enfin seront disposés à accueillir le candidat pour peu qu'il ait du mérite; car, en ne l'admettant pas, ils saisissent la couronne du droit de nommer un nouveau pair, et la couronne peut choisir un homme tout-à-fait étranger à leur département, et qui n'en appréciera peut-être jamais les besoins.

Mais l'équilibre des pouvoirs ne souffrira-t-il pas de cette vérification? Non, la pairie reste héréditaire; et si quel-

ques pairs ont le malheur de succomber, ces ajourne-
mens lentement successifs ne peuvent altérer d'une manière sensible la constitution de la chambre.

Quant à la chambre élective, elle ne reçoit non plus
aucune atteinte de ce mode de procéder, car ces refus
d'admission, fussent-ils fréquens, ne feraient pas que la
chambre des pairs devînt une émanation du pouvoir populaire, puisqu'en cas de rejet le roi reste investi du
droit de nommer. Il n'y a donc toujours qu'une chambre élective.

Mais comment, me dira-t-on, les colléges de département pourront-ils apprécier la capacité du jeune pair?
Comment apprécient-ils donc la capacité du candidat à la députation? Ne choisissent-ils pas même souvent
des hommes tout-à-fait étrangers à leur département?
Comment les jugent-ils? Par la publicité qui dévoile tout,
par nos mœurs, nos habitudes d'indépendance. Avec la
liberté de la presse, la France n'est plus qu'une grande
plaine sur laquelle le soleil projette de tous côtés ses
rayons, sans que qui que ce soit au monde puisse
trouver un ombrage.

Le jeune pair sera obligé de se préparer au com-
bat, comme un candidat à la députation qui se dispose à
la lutte électorale; et il ne pourra en sortir victorieux que par la perfection de son éducation, la pu-
reté de ses mœurs, et sa connaissance des hommes
et des choses de ce monde. Chacun voudra le connaître,
le juger. Où sera le mal? Il faut qu'il sente au moins
une fois en sa vie que le peuple est pour quelque chose
dans sa grande existence, et que s'il ne défend pas le
trône, dans le cas où on l'attaquerait, et s'il ne vient
pas au secours des libertés du peuple, dans le cas où le
prince porterait sur le livre de la loi une main téméraire,

lui, pair et descendant de pair de France, pourra être puni de la violation de ses sermens dans sa postérité.

Supposez-vous les colléges de département momentanément trop sévères? La pairie n'en est pas moins héréditaire, car ce n'est que par la succession des temps que les jeunes pairs auront à se présenter devant les colléges, et avec le temps les opinions trop vives se modifient et se redressent presque toujours. Supposez-vous les colléges trop indulgens? Mais il sera facile d'y faire entrer des élémens d'idées plus libérales et plus fermes, en transportant à tous les électeurs l'espèce de privilége que nous accordons aux seuls électeurs éligibles, et alors ce ne sera pas certainement l'indulgence qu'il faudra redouter. Ainsi mon plan pour la pairie est bien en harmonie avec tout le système gouvernemental que j'ai développé. Le progrès pourra s'y introduire avec le temps et la diffusion des lumières.

Sera-ce, par exemple, le fils de l'un de nos grands généraux qui se présentera devant le collége départemental? Si le jeune pair a quelque mérite, il verra tout aussitôt sa demande accueillie.

Sera-ce un jeune homme dont le père ne sera parvenu à la pairie que par l'un de ces hasards heureux d'une vie d'ailleurs ignorée? Si le candidat n'a pas un mérite généralement reconnu, le collége sera plus sévère, et réparera, en prononçant l'ajournement, l'erreur où le prince s'était laissé entraîner; mais la patrie ne sera point ingrate, soyez-en sûr, envers les descendans des hommes illustres (1).

Si je reprends tout mon système, il se réduit à quelques points bien simples.

Augmentation lente, mais progressive, du nombre

(1) Ce projet ne peut avoir aucun danger dans son exécution;

des électeurs ; adjonction immédiate des capacités (1), et, pour balancer ce pouvoir populaire, que les esprits timides pourront considérer comme trop démocratique, distinctions honorifiques accordées aux électeurs constitués en citoyens français ; création, développement, élévation du titre de citoyen : il faut enfin que dans ce titre s'absorbe entièrement toute cette noblesse de petite ville et de village, qui ne peut plus s'harmoniser avec la nation. Mais alors, et auprès de cette grande table d'égalité, autour de laquelle tout Français pourra parvenir à s'asseoir par son travail et son industrie, je place une pairie héréditaire, que je conçois comme un grand corps indépendant et du peuple et du trône, comme pouvoir sans lequel la république même, si elle était possible en France, ne pourrait jamais subsister avec grandeur ; et cependant je fais encore entrer dans ce corps, si ce n'est un élément, au moins une combinaison populaire, puisque j'appelle des colléges composés d'éligibles à se prononcer sur l'*admittatur* des pairs héréditaires.

Si ces bases sont suffisantes à l'équilibre conservateur de tous les pouvoirs, par quels procédés, par quels liens espérez-vous, me dira-t-on, rattacher au prince et aux principes monarchiques cette nombreuse population électorale, composée d'hommes que le gouvernement convoque tout au plus une ou deux fois

car, en admettant que les colléges électoraux prononcent souvent l'ajournement, qu'arriverait-il ? Nous aurions une pairie inamovible ; c'est l'institution qui nous régit.

(1) L'administration est, je crois, encline à ne voir que des brouillons dans le plus grand nombre des capacités. Il serait assez naturel que les capacités ne fussent pas portées à la modération, car tous les gouvernemens les laissent à la porte. Ouvrez-leur les colléges, il n'y aura plus en elles que des citoyens.

tous les cinq ans, d'hommes que la liberté de la presse désaffectionne de tous les rois, avec une habile perfidie, d'hommes qui laissent briser sous leurs pieds indifférens les restes de ce prisme éclatant dont la royauté était jadis entourée.

D'abord je voudrais que chaque classe de la société prît, dans sa sphère, une part active à la confection des lois et aux affaires particulières de la commune.

Des projets de lois sont présentés chaque année aux divers pouvoirs. Je voudrais que le corps des négocians, des avoués, des notaires, l'ordre des avocats et la magistrature, fussent consultés sur ces projets, selon les rapports qu'ils peuvent avoir avec leurs professions diverses.

La chambre des députés, considérée politiquement et dans des vues d'ordre général, peut rendre de grands services au pays; mais elle est impuissante pour faire de bonnes lois, elle est incapable d'en faire.

Il n'y a pas une des lois votées depuis quinze ans, qui n'eût été mieux élaborée dans le cabinet d'un simple jurisconsulte.

Présentez à la chambre un projet sur les saisies immobilières, j'ose à peine dire que les trois quarts des députés n'y comprendront que bien peu de chose, et cependant ils voteront. Discutez une loi sur les douanes, et une grande partie de la chambre ne sera pas à même d'apprécier les résultats de sa décision sur la fortune publique.

L'Angleterre a si bien reconnu l'impuissance des députés à cet égard, qu'elle réclame toujours des enquêtes préliminaires. Sans négliger ce moyen, appelez chaque profession, représentée par les capacités qu'elle póssède, à concourir aux lois par les projets qu'elles soumettront au gouvernement. En un mot faites surgir en tout et partout l'élite des classes moyennes, flattez ces classes, montrez-leur que vous tenez à leurs lumières; elles vous répondront par leur dévouement.

Quant aux affaires de la commune, une loi devrait ordonner la publicité des procès-verbaux des séances des conseils municipaux, pour que les électeurs qui ne font pas partie de ces conseils puisent dans l'étude de ces procès-verbaux les connaissances nécessaires à un administrateur, et plus encore peut-être l'obéissance intelligente, si utile à un administré qui veut connaître ses devoirs, mais qui sait réclamer tous ses droits. Plus tard on pourrait peut-être sans danger rendre publiques les séances des conseils, non pas que j'entende demander que chaque conseil municipal tienne des séances publiques (car on arriverait ainsi à élever en France autant de petites républiques que de communes); mais cette publicité serait très-utile dans tous les chefs-lieux de département, en la restreignant toutefois aux seuls électeurs, en déclarant qu'on ne pourrait admettre dans la salle des séances qu'un nombre d'électeurs égal au nombre des membres du conseil, et enfin en réservant au maire, dans certains cas, le droit de déclarer la séance secrète. Je vois dans ce système une suite indéfinie de progrès, car plus tard rien n'empêcherait le gouvernement d'étendre cette publicité aux conseils de chefs-lieux d'arrondissement, lorsqu'il aurait été à même d'apprécier ses avantages. Oui, cette publicité est le seul moyen de former les citoyens à l'administration, de leur en faire apprécier les difficultés, d'appeler leur attention sur toutes les affaires de la commune (1), sur l'établissement et la per-

(1) Je ne parle pas ici des colléges de département. Je ne crois pas

ception des impôts, l'emploi des deniers communaux ; sur les vices que l'organisation actuelle perpétue avec elle, et sur les économies que l'on pourrait obtenir sans porter le désordre dans les divers services.

Les économies ! les économies ! c'est le cri de toute la France. Chacun semble dire : J'administre mon patrimoine avec ordre, pourquoi n'en serait-il pas de même de la fortune publique ?

A cette pensée dominante, se joint une haine si fortement prononcée contre certains impôts et surtout contre le mode de perception employé pour en opérer le recouvrement, que les conserver est impossible, et cependant le ministère ne paraît pas disposé à opérer des diminutions. Ce que l'on reproche au gouvernement, c'est moins de ne pas arriver immédiatement à des économies, que de ne pas même manifester la volonté d'en faire; et il n'y a rien qui indispose le peuple contre une dynastie, comme cette indifférence pour l'étendue des charges qu'il supporte avec tant de patience et de résignation. La conservation des droits-réunis, par exemple, est un fait irritant de chaque jour, de chaque heure, dans la vie de presque tous les citoyens, fait éclatant d'opposition avec cette glorieuse révolution faite par le peuple, et sans doute pour le peuple ; aussi prenez-y garde, quand vous en aurez besoin de ce peuple désenchanté, quand vous voudrez recourir à son dévouement (et dans ces temps si féconds en scènes dramatiques pour les nations comme pour les rois, il y a toujours dans la vie des grands de la terre de ces momens de crise où il apparaît tout-à-coup au dénouement), crai-

la nouvelle loi bonne ; mais il faut attendre pour la juger. La division par canton semblerait prouver que le gouvernement et la chambre des députés elle-même ont encore peur des citoyens.

gnez de ne plus trouver en lui que tromperie, désaffection; craignez que votre indifférence ne transforme une
nation généreuse en peuple barbare, et que la France ,
quand vous l'invoquerez, ne vous réponde que par des
cris de sang et par ce rire satanique de la populace enivrée
qui semble dire au prince : « Il est temps à votre tour de
descendre de ce trône qui nous appartient. » Ministres!
écoutez ces terribles préludes de l'avenir dans ce manifeste de la *Société des droits de l'homme.* C'est Robespierre
ressuscité, c'est Robespierre sanglant, qui d'abord fait
peur , mais qui grandit avec le temps, et à mesure que
les dépositaires du pouvoir deviennent sourds aux
gémissemens du peuple.

A ces craintes manifestées par tant d'hommes dévoués,
à ces réclamations presque universelles, que répondent
les conseillers de la couronne.

Inventez, disent-ils, un moyen pour remplacer les
impôts vexatoires, vous nous trouverez prêt à souscrire
à vos projets de réduction, pourvu toutefois que les
moyens que vous indiquerez ne se perdent pas dans le vague
des théories. Ainsi le ministère dit au peuple : Inventez!
inventez! faites des découvertes!.... Je m'arrête ici , la
critique serait trop facile.

Une partie non moins importante de l'administration
de l'état, c'est le clergé. Malheureusement le ministère
semble disposé à suivre avec lui les mêmes erremens que
Charles X. Se mettre à sa suite serait pourtant une faute
irréparable.

Le gouvernement, d'accord avec notre loi fondamentale , doit protection à tous les cultes ; mais il doit se
séparer de tous. Point de faiblesse pour les membres de la
religion romaine, mais justice entière envers eux comme
envers les ministres des autres cultes. Plus le ministère

sera faible avec le clergé romain , plus celui-ci abusera de sa position.

Point de religion dominante , c'est la volonté de la charte , qui n'est en cela que l'écho parfait de la volonté nationale.

Tourmenter , poursuivre , inquiéter même les nouveaux cultes qui cherchent à s'établir paisiblement , est tout à la fois injuste et impolitique (1).

La religion de Jésus-Christ ne serait-elle qu'une grande imposture, pourquoi empêcher d'autres religions de s'élever sur ses débris ?

Si au contraire elle est la seule vraie, et, dans tous les cas, si elle est la plus belle , la plus pure, la plus consolante , pourquoi tourmenter les petits prophètes de nos jours? Laissez-les s'évertuer, ils descendront bientôt de leurs chaires usurpées, aux applaudissemens de la multitude.

La religion chrétienne (mais non la religion romaine) a une puissance immense en France.

Lors même qu'elle a cessé d'être dans les pratiques de l'homme, elle le domine encore par les principes d'égalité et de charité qu'elle dépose dès l'enfance dans son cœur.

La religion n'a donc pas besoin des faveurs du gouvernement; l'appui privilégié qu'il pourrait lui donner nuirait tout à la fois au culte et à la dynastie régnante. Je dis même que moins le gouvernement s'occupera des diverses religions, plus la religion en général prospèrera, et il ne faut pas même qu'on s'aperçoive qu'il préfère uu symbole à un autre. Qu'il laisse brûler l'encens sur tous les autels , mais qu'il ne recherche jamais vers quelle divinité l'encensoir s'élève.

Le libre exercice et le développement le plus large de

(1) L'église doit s'ouvrir pour le culte de la majorité , lorsque cette majorité est un fait bien évident, bien constaté.

tous les cultes est une nécessité, comme un devoir, de tout gouvernement qui veut régner par l'ordre , par les mœurs, et perpétuer l'avenir d'un grand peuple.

Il y a sans doute peu de religion en France dans le sens que les prêtres attachent à ce mot; mais il y a dans toutes les classes de la société un sentiment religieux très-actif, très-prononcé. Voyez le peuple parisien après les trois journées; le lendemain de sa victoire , il se précipite aux pieds des autels , et prie sans distinction pour toutes les victimes de la guerre civile. Demandez à tous ces hommes s'ils croient à la présence réelle et à tant d'autres articles de foi que je ne veux point signaler ici , ils souriront; mais cependant ils viennent prier , ils s'abaissent , ils s'humilient devant l'éternité , devant cette puissance divine dont ils admirent et conçoivent l'existence par la grandeur même des prodiges de la création , sans pouvoir la comprendre et la définir. Voilà leur religion.

En présence d'une si rare philosophie dans un peuple entier, bien fous seraient les chefs de l'état qui chercheraient à dominer sa foi par l'appui indiscret accordé à une religion qui chercherait à devenir dominante (1).

En favorisant l'instruction administrative du citoyen, en donnant toute liberté aux idées religieuses et politiques, je me garderai bien d'émanciper entièrement les communes; avec elles il faut marcher lentement dans la voie du progrès, parce que la civilisation leur manque encore. Dans leur intérêt même, je ne laisserai pas le choix des maires à leur nomination (le désordre

---

(1) Je n'ai pas besoin de rappeler toutes les circonstances dans lesquelles le gouvernement a montré une faiblesse vraiment extraordinaire après une révolution occasionnée en grande partie par les prétentions du clergé romain, les faits sont connus de toute la France.

s'introduirait parmi elles tout aussitôt), et je conserverai avec soin ce beau système de centralisation si envié de tous les autres peuples de l'Europe (1).

Ces bases bien arrêtées, le reste appartient à une habileté et une adresse gouvernementale qui se devine encore plus qu'elle ne se démontre. Cependant il y a encore là des affections populaires à ménager, de grands principes à consacrer et des idées générales auxquelles l'administration doit se rattacher avec soin.

Napoléon fut admirable dans son appréciation de l'esprit et du caractère français; son administration intérieure fut un chef-d'œuvre, une conception digne de son génie : à l'extérieur il éblouissait par ses victoires, à l'intérieur il enchaînait par ses récompenses ; avec lui aucun service n'était méconnu. Aussi voyez quels souvenirs il a laissés parmi nous.

1815 voit sa statue renversée, 1833 la voit reparaître au sommet de cette immortelle colonne, où sont gravés nos trophées et retracées nos victoires.

Le peuple accourt en foule sur cette place triomphale; c'est pour lui un jour de fête, un souvenir de toutes ses gloires, et, dans l'exaltation de sa reconnaissance et l'ivresse de ses désirs, ses acclamations unanimes et répétées saluent ce bronze insensible de ces mots : *Vive Napoléon!* comme s'il avait la pensée que ce grand homme pouvait encore, par la puissance de son génie, se soustraire à la loi commune et renaître pour lui.

Ces cris ont dû révéler aux rois de la terre toute notre force, à la royauté de juillet toutes celles dont elle peut disposer; il n'y a plus d'hésitation possible

---

(1) Ceux qui connaissent la brochure de M. Saulnier s'expliqueront facilement la nécessité de mon silence sur cette grande question.

et de moyen de douter que c'est près de cette colonne qu'elle doit puiser ses inspirations.

La décoration de l'ordre de la Légion-d'Honneur a fait des prodiges à la guerre comme dans l'intérieur de l'empire, et l'opinion qu'on attache à cette noble étoile la place encore si haut, qu'il semble que notre petite taille ne peut y atteindre; on veut qu'elle n'orne bien que la poitrine d'un brave, ou de l'un de ces hommes de génie dont le front est environné d'une auréole de gloire.

Napoléon était avare de cette croix, même envers les braves, et le gouvernement la prodigue dans les fonctions civiles et pour les services les plus ordinaires. C'est un grand mal; il use ainsi l'un des plus grands ressorts qui puissent agir sur les imaginations françaises.

Peut-être cependant faut-il reconnaître qu'il manque quelque chose à l'action du gouvernement avec la seule institution de la Légion-d'Honneur. En effet, si l'on met une très-grande réserve à décerner la croix, il y a nécessairement beaucoup de services méconnus, beaucoup d'actes honorables qui sont d'une haute importance pour le pays, mais qui, par leur nature, ont peu d'éclat, de retentissement, et qui alors restent dans l'oubli.

Ce magistrat conciliateur qui passe sa vie dans de pénibles travaux, vous ne pouvez au déclin de ses jours l'appeler à une haute dignité; n'y aurait-il donc aucun moyen de signaler ses droits à la reconnaissance de ses concitoyens ? Ce maire d'un modeste hameau, courbé par les ans, et qui se trouve obligé de déposer l'écharpe nationale; ce soldat citoyen qui l'un des premiers a répondu à la voix du peuple, et que ses pairs ont nommé par acclamation leur officier; ce négociant honorable, dont l'industrie soutient et fait prospérer mille familles; ce conseil éclairé qui sacrifie son existence au milieu des luttes d'un barreau modeste, et termine sa carrière dans une glorieuse pauvreté , quelles récompenses leur réservez-vous ?... Aucune, me dit-on; leur conscience leur suffit, l'amour de la patrie commande une abnégation totale de soi-même, et cet amour seul doit les guider. Ainsi vous décorez les fonctionnaires éminens, les grands seigneurs, les heureux du siècle, qui souvent n'ont eu que la peine de naître, et vous croyez ne devoir aucun encouragement aux hommes utiles, laborieux, sévères par leur probité, remarquables par leur capacité, qui peuplent les professions les plus honorables des classes ordinaires de la société, et, sans y penser, vous transportez dans la monarchie la morale de la république, qui consiste à pratiquer la vertu pour elle-même, et à se dévouer pour la patrie sans espoir même de récompense... Mais que faire?... Ayez soin que tous les hommes dont les fonctions ont pour but le bien public soient environnés de respect, que chaque ville ait ses édiles, ses administrateurs, ses magistrats honoraires; fixez leur rang dans les solennités publiques, déterminez les marques distinctives de leur magistrature (1), que la force publique s'abaisse devant le citoyen revêtu d'une dignité quelconque, que l'électeur citoyen surtout ait des prérogatives et une décoration spéciale dans les fêtes nationales (2);

(1) On me dira que ce que je demande existe. N'y a-t-il pas en France des magistrats honoraires? Cela est vrai; mais le gouvernement ne fait rien pour qu'ils soient honorés, et la loi elle-même s'en occupe si peu, qu'elle fixe à peine leur rang dans les solennités, et ne le signale à leurs concitoyens par aucun signe caractéristique de leur dignité.

(2) M. de Fontanes a eu sous l'empire une excellente idée en décidant que les membres des académies porteraient une palme d'ar-

créez, s'il le faut, un ordre civique, puisque vous ne pouvez récompenser tous les services sans prodiguer la croix d'honneur; que le roi en soit le grand-maître; il a, ce me semble, assez bien mérité de la patrie, et l'histoire impartiale sera plus juste envers lui que ses contemporains; oui, plus juste, car il y a certes quelque courage, quelque gloire, quand on peut d'un mot soulever les tempêtes, à ne pas prononcer ce mot et à donner ainsi, par la force même de sa modération, le calme au genre humain; récompensez toutes les vertus du citoyen; que chacun s'aperçoive que le prince voit tout, est reconnaissant de tout le bien fait au pays, et alors, quand le peuple sera convaincu qu'on s'occupe de lui, qu'on veut son bonheur, quand les classes moyennes surtout verront que les services publics sont comptés pour quelque chose, tout aussitôt vous ressentirez l'effet du mouvement électrique que vous aurez communiqué aux masses, et soudain renaîtra ce noble élan, cet enthousiasme national des premiers mois de 1830 (1). D'où vient que les fêtes de juillet ont eu cette année tant de retentissement? C'est qu'elles n'étaient qu'une grande revue de citoyens fêtés, honorés par le chef de l'état; c'était la révolution de juillet habilement comprise. C'est ainsi

gent, comme signe de leur dignité. Cette pensée, mais sous des formes diverses, devrait avoir plus de développement. En variant ces distinctions, il faudrait les étendre aux électeurs dans l'exercice de leurs fonctions. Un certain nombre d'électeurs, dont les noms seraient tirés au sort, devraient assister à chaque solennité municipale dans le costume déterminé. Ces distinctions devraient être étendues aux procureurs du roi, et, à plus forte raison, aux fonctions tout-à-fait honorifiques. Ce n'est pas d'ailleurs ici seulement la vanité qu'il faut satisfaire. On rirait d'un procureur du roi qui irait en robe au milieu d'une émeute, et cependant il doit s'y rendre. A quel signe pourra-t-on reconnaître son caractère? comment se fera-t-il obéir?

(1) Dans ce système de la création d'un ordre civique, il faudrait

que je conçois la constitution de tout l'empire, c'est-à-dire les citoyens partout en action et partout en honneur. Sans doute l'adoption de ce système fera surgir de vives attaques de la part de quelques esprits chagrins qui ne rêvent qu'une égalité chimérique, de ces républicains dont l'austérité a cédé et céderait encore à la puissance d'un glaive triomphateur ; mais gardez-vous de prêter l'oreille à ces cris ; votre devoir à vous, ministres d'une monarchie constitutionnelle, c'est de ranimer le feu sacré, ce sentiment de l'honneur que l'on voudrait éteindre, et en qui réside votre seule et dernière puissance.

Outre les rapports qui existent entre le monarque et le peuple par ses mandataires, je ferais en sorte d'en établir de plus fréquens avec les membres de la grande famille, et chaque année j'appellerais dans la capitale, à l'époque des trois journées, un certain nombre de citoyens choisis dans toutes les classes ; le prince réunirait autour de lui l'élite des classes moyennes, il écouterait leurs vœux, les besoins de tous, s'identifierait avec les grands projets de l'industrie, et je voudrais enfin qu'il distribuât de sa main royale les insignes de cet ordre civique dont il serait lui-même revêtu.

Je dis que le gouvernement du roi doit s'identifier avec les grands projets de l'industrie, et j'arrive ainsi à ma seconde proposition.

redouter l'abus des décorations et le ridicule qui pourrait s'y attacher. Mais on pourrait éviter cet inconvénient en décidant que chaque département ne pourrait en obtenir qu'un nombre fixé par la loi, et qu'après un temps déterminé d'exercice dans telle ou telle profession. Pourquoi ne pas constituer la décoration de juillet comme l'ordre de la Légion-d'Honneur ? pourquoi cette décoration ne se perpétuerait-elle pas ! Les vainqueurs de juillet, que j'admire d'ailleurs, ont été les premiers aristocrates de la révolution de 1830. Ils ont bien vite demandé une décoration, et bien plus, ils ont voulu qu'eux seuls eussent le droit de la porter. Sommes-nous petits dans notre grandeur ?

Ouvrir un champ vaste aux développemens de l'industrie, satisfaire au besoin d'instruction publique des classes moyennes.

Et d'abord, je me demande quelle est la grande entreprise, je ne dis pas créée par le gouvernement, mais seulement secondée par lui depuis la révolution de juillet? quel est le monument national qu'il a, je ne dis pas commencé, mais seulement terminé (1)?

Soit que les craintes de la guerre, et la France doit-elle jamais craindre? aient absorbé tous les momens des ministres, soit que la nécessité de se maintenir d'accord avec la majorité les agite incessamment, toujours est-il que le gouvernement n'a rien entrepris de grand, rien de ce qui atteste une vie nouvelle, une régénération.

En Angleterre, aux Etats-Unis, partout s'élèvent de grands établissemens, partout les arts et l'industrie s'unissent pour créer des merveilles; ces ponts jetés sur les fleuves les plus rapides, hardis comme les torrens qu'ils traversent, et qui semblent se soutenir miraculeusement dans l'espace, ces bateaux qui ne connaissent plus de vents contraires, sillonnent toutes les mers, et, conquérans pacifiques, vont porter les fruits de la civilisation dans des régions inconnues ou barbares; ces chemins de fer sur lesquels glissent et les chariots les plus pesans du commerce, et ces élégantes voitures qui traînent avec elles un peuple de voyageurs étonnés; partout l'ancien monde s'affaisse sous un monde nouveau; c'est une décoration vieillie, usée par la rouille des temps, qui disparaît éclipsée par une décoration brillante de fraîcheur et

______

(1) Il faut rendre justice à qui de droit. Il paraît que M. Thiers réalise en ce moment cette idée, et que ce ministre s'occupe activement de projets qui doivent avoir de grands résultats sur l'avenir du pays.

de jeunesse ; partout les distances s'effacent , les peuples se rapprochent ; que fait la France ? Elle regarde, elle admire , elle encourage même ce mouvement du monde entier ; mais jusqu'à présent il se fait sans elle , par conséquent il se fait contre elle ; car tout peuple dont l'industrie n'augmente pas en proportion de celle de ses voisins , perd sa supériorité politique et commerciale.

Soutiendrait-on que notre génie national répugne à l'esprit d'association ? Si cette observation était fondée , le gouvernement devrait redoubler d'efforts pour encourager toutes les sociétés commerciales qui se rattachent à de grands développemens industriels. Alléguerat-on que la France manque des capitaux nécessaires pour l'exécution d'entreprises conçues sur un vaste plan ? Et l'or ne roule-t-il pas à flots dans ce palais, nouveau Pactole de l'univers ?

Mais qu'entreprendre dans un pays où tous les dix ans passe comme une trombe une révolution qui bouleverse et déracine tout ? Cette instabilité de la chose publique est un motif de plus pour s'élancer hardiment hors des routes tracées , et poser ainsi les fondemens d'un avenir.

Je conviens que nous sommes encore bien novices dans l'art de gouverner les peuples ; notre science date à peine d'hier, et pourtant, que de siècles écoulés ! que de générations en poussière ! L'homme le plus habile , au milieu de ce mouvement général de l'univers en travail, peut-il pénétrer les combinaisons et les effets de ce grand et laborieux enfantement ? et parce qu'il est impossible de tout prévoir, faut-il attendre que les tempêtes, que les moins clairvoyans voient s'avancer , viennent fondre sur nous ?

Examinons donc s'il n'est pas possible de nous fixer sur le sol, malgré le mouvement de la terre qui nous entraîne avec elle. Commençons par la base toujours si négligée par les législateurs de la France, l'éducation de la jeunesse.

Les plaintes des classes moyennes sont vives et unanimes, et en effet les vices du mode adopté sont si palpables, que l'on ne conçoit pas comment ou peut méconnaître à ce point les droits si sacrés du père de famille.

Sans doute il faut rendre justice aux ministres qui se sont occupés activement de l'instruction primaire ; mais qu'on y prenne garde, si l'on ne parvient pas à harmoniser l'éducation des hautes classes avec celle des dernières, le peuple dont vous allez hâter le développement par l'étude des sciences pratiques, sera bientôt plus habile que les classes élevées dans l'art de vivre en société, et ce progrès peut devenir ainsi le germe d'une immense révolution.

Instruire le peuple est le premier de tous les devoirs ; une instruction morale, chrétienne, est le pain de l'âme que le pouvoir doit prodiguer aux malheureux ; cette instruction est indispensable surtout dans un gouvernement représentatif, où la presse et la tribune s'unissent à l'envi pour signaler les droits du peuple, et lui crient tous les jours d'en user ; mais en lui ouvrant les yeux, n'oubliez pas que vous allez ajouter à cette passion qui le domine de sortir de sa sphère (1) ; ce sont encore des masses qui vont se détacher du sol. Faites donc ensorte de placer au-dessus d'elles un foyer de lumière dont l'éclat leur impose. Il faut que le peuple soit obligé de s'avouer la nécessité de son obéissance ; il faut qu'il reconnaisse qu'il ne fléchit que devant des supériorités de talent, devant ces grandes notabilités gouvernementales et parlementaires, qui sont aussi une puissance dans l'état, sans

(1) Réfléchissez aux coalitions d'ouvriers. Voilà le premier pas d'une révolution future.

quoi il pourrait bien se demander à quoi bon cette machine représentative, qui ne broie pour lui que la misère.

Et ces capacités ne se présenteront qu'en développant les hautes études, qu'en donnant la liberté à l'instruction, qu'en créant des écoles normales supérieures, qu'en excitant l'ardeur de la jeunesse par tous les moyens d'émulation qui sont à la disposition du gouvernement; c'est ainsi, d'ailleurs, que vous développerez et fortifierez en elle le principe monarchique.

Dans les monarchies, dit encore cet admirable auteur, que nous rencontrons toujours sur notre route, parce qu'il a tout deviné, « l'éducation doit avoir pour « objet l'honneur; l'éducation ne travaille qu'à éle- « ver le cœur, elle ne cherche qu'à l'abaisser dans « les états despotiques; c'est donc à inspirer ce sen- « timent de l'honneur que le gouvernement doit être « attentif; mais pour que les enfans puissent l'avoir, « il faut que les pères l'aient eux-mêmes.

« Ce n'est pas l'homme naissant qui dégénère, il « ne se perd que lorsque les hommes faits sont déjà « corrompus. »

Il est d'autant plus nécessaire de briser les chaînes qui tiennent les sciences captives, que l'une d'elles, la plus utile de toutes pour la société, la science de l'économie politique, ne peut faire de progrès qu'à l'aide de la liberté d'instruction.

Nos enfans sont experts dans le grec, dans le latin; mais l'étude de ces belles langues est d'un poids bien léger dans la balance où se pèsent le bonheur et l'avenir des générations.

Nous apprenons tout, sauf ce qu'il est essentiel de savoir, c'est-à-dire les moyens de développer la force et l'industrie des nations entre elles, et de chacune d'elles en particulier, sans secousse, sans trouble, et sans les précipiter les unes sur les autres.

Qui s'occupe de l'économie politique ? Quelques savans, quelques publicistes..... C'est pourtant parce qu'une science est peu avancée qu'il faut que beaucoup la cultivent; c'est ainsi qu'on arrive à ce choc d'opinions d'où jaillit la lumière, et c'est alors que quelques hommes de génie s'élèvent au-dessus du vulgaire, et, comme ces astres voyageurs, indiquent par une trace lumineuse la route qu'il faut parcourir dans l'immensité.

Quelle influence n'auraient pas sur les destinées de la patrie des hommes qui, par leurs études, seraient à même de juger au premier examen des besoins, des ressources de leurs départemens, et des mesures administratives qu'ils doivent prendre.

Au lieu de cette expérience qu'on a le droit d'exiger de ceux qui se chargent du gouvernement des sociétés, on ne trouve partout qu'hésitation, tâtonnement; le temps s'écoule, le mal empire; comme le chirurgien armé de son scalpel, la plupart de nos administrateurs s'exercent sur le pays qui paie bien cher leur apprentissage.

Oui, nous sommes tout-à-fait ignares dans l'art de civiliser les nations, de les faire vivre en société, et d'ajouter quelques heures au temps déjà si court de leurs joies d'ici-bas.

Quand une difficulté s'élève soit dans le peuple, soit entre les divers gouvernemens, c'est le canon seul qui la tranche; par lassitude, par épuisement, les parties belligérantes s'arrêtent, puis, à l'expiration de la trève, à laquelle on donne le beau et si doux nom de la paix, les passions endormies se réveillent, puis la guerre recommence jusqu'à ce que le sol soit jonché de cadavres et la terre imbibée du sang de ses enfans. L'Europe est un vieillard qui retombe tous les vingt ans dans les criminelles folies de sa jeunesse ; aussi quel affreux spectacle nous offre l'histoire, à quelque époque qu'on l'interroge !

Des nations manquant de tout, poussées à la guerre par le besoin et s'égorgeant pour vivre, d'autres nations qui bégayaient déjà quelques mots de civilisation, et s'essayaient au commerce, bientôt inondées par ces torrens de barbares qui ne savaient que détruire et briser les digues qui s'opposaient à leurs violences, sans être à même de calculer les funestes effets de leurs fureurs.

La force ainsi victime de son imprévoyance, l'intelligence et la raison sans puissance pour faire entendre et respecter leurs voix ; et lorsque par hasard un rayon d'espérance venait luire enfin pour ces peuples las de se dévorer, il fallait que la civilisation, laborieuse Arachné, recommençât son ouvrage, jusqu'à ce qu'une nouvelle irruption de barbares vînt le détruire de nouveau.

Je ferme les yeux sur les temps de la féodalité, sur les proscriptions religieuses, sur tous les crimes et désastres du moyen âge ; que voyons-nous à des époques plus rapprochées de nous ?

Des rois guerroyant par vanité, se figurant que leur gloire est attachée, non pas à leurs vertus, mais au bruit des échos qui rediront leurs noms à la postérité ; des nations jalouses du bonheur d'une nation voisine, et le regardant comme un obstacle à leur félicité, excitant elles-mêmes leurs chefs à la guerre ; princes et peuples se battant pour une province, pour quelques villes, les dévastant, les couvrant de deuil et de sang au nom de la religion, au nom de la civilisation et du commerce, innocentes victimes de tous ces hauts faits; toujours la guerre et ses ravages, partout la guerre; peuples et rois méconnaissant les notions du juste et les principes de la morale, et punis par leur ignorance même; parmi eux cependant beaucoup de moralistes, d'orateurs, de philosophes, pas un homme modeste, mais puissant par sa sagesse, par l'énergie de sa parole, et qui ait la force de dire et redire à haute voix :

« Les nations n'ont qu'à gagner à des communications amicales; une prépondérance forcée n'est avantageuse pour personne, pas même pour ceux qui l'exercent. Les discordes sont fécondes en malheurs de toute sorte sans aucun dédommagement, si ce n'est une vaine gloire et quelques dépouilles bien chétives, quand surtout on les compare aux fruits légitimes qu'un peuple peut tirer du commerce et de la production (1). »

Mais comment concilier, me dira-t-on, cet amour de la paix, des arts et de l'industrie, avec cet enthousiasme que le peuple français fait éclater à la vue seule de l'image d'un héros, avec les dispositions belliqueuses des masses, toujours prêtes à s'élancer dans l'arène, et enfin avec ces éloges que vous-même, partisan de l'union des puissances et des peuples, prodiguez au système que suivit Napoléon?

C'est ici que j'arrive à ma dernière proposition.

Sans se jeter, comme ce grand homme, dans des guerres éternelles, il faut flatter nos idées d'indépendance et de suprématie européennes, et trouver le moyen de faire vibrer dans nos cœurs, même au milieu de la paix, les cordes qui correspondent au nom de France, Gloire et Patrie.

(1) Say.

A la dernière session un pair a prononcé ces paroles remarquables (1) :

« Les nations ne tiennent pas seulement à ce qui
« leur apporte des avantages matériels, elles sont comme
« les individus qui éprouvent un sentiment de satis-
« faction intérieure lorsqu'ils peuvent se dire : Ma na-
« tion est forte, puissante et respectée. De même que
« l'on disait : Je suis citoyen romain, il faut qu'on
« puisse dire avec la même fierté : Je suis citoyen fran-
« çais. »

Chez beaucoup de peuples ce sentiment d'orgueil national se réduit à un désir vague, chez les français c'est une passion, et cela se conçoit ; la France a souvent dominé l'Europe, et l'ambition est malheureusement comme l'avarice, elle s'enflamme par la jouissance. La grandeur de la France dérive même de cette fierté nationale, elle perce dans toutes les volontés manifestées par les masses. On voit même que le peuple s'adule de sa propre gloire, qu'il se nourrit de son orgueil, et cet amour inné de la gloire est pour le pays comme la condition de son existence, comme le feu sacré qui l'anime, et que, sous peine de mort, il faut entretenir avec soin.

Le gouvernement aura beau favoriser les développemens du commerce, entrer largement dans les voies d'un régime de liberté légale, tout cela sera bien, grand même, considéré législativement ; tout cela sera insuffisant, si en même temps le Français ne peut pas dire à haute voix : C'est ma patrie qui l'emporte sur le monde entier par sa puissance militaire, comme par les découvertes de ses savans et le génie de ses artistes ; et cet orgueil national, ce n'est pas dans les classes éclairées qu'il est le plus fort, parce qu'elles le raisonnent, et que

(1) M. Mounier.

leurs lumières contribuent à leur donner des idées de justice envers les autres peuples; c'est parmi les habitans des campagnes qu'on signale surtout son énergie, et il n'y a rien de plus populaire parmi eux que ce mot du grand Frédéric : « Si j'étais roi de France, il ne se tirerait pas un coup de canon en Europe sans ma permission. »

Ce n'est pas que nous désirions guerroyer éternellement et faire briller de nouveau nos couleurs nationales depuis les rives du Tage jusque sur les tours du Kremlin; mais nous tenons à ce que tous les peuples soient bien convaincus que nous le pourrions encore, si nous le voulions.

Bizarreries de notre caractère ! la guerre nous lasse facilement, nous sommes plus fiers de la victoire que des avantages qu'elle peut procurer; nous applaudissons aux douceurs de la paix; mais cependant nous aimons que nos chefs aient quelque ressemblance avec un duelliste, et soient toujours prêts à tirer l'épée si l'on ne se confond pas en excuses publiques quand on nous a manqué.

Avec cette disposition du peuple, que de haines le gouvernement de juillet, essentiellement modéré, n'a-t-il pas dû soulever, et quelle position avantageuse surtout n'a-t-il pas donnée à la presse et à ses attaques journalières !

Si la paix se consolide, si la diplomatie sort victorieuse du labyrinthe, la conduite toute de prudence du ministère sera un jour approuvée, peut-être unanimement.

L'histoire dira : Ils ont bien fait de résister aux vagues populaires qui cherchaient à les entraîner ; mais aujourd'hui l'événement est incertain, et ce sont des passions exaltées qui répondent à la modération des chefs. La presse a le grand tort d'irriter ces passions, mais le gouvernement a tort aussi de ne pas les comprendre, de ne pas s'unir assez à la France dans ses sentimens de fierté nationale, et de se fâcher de l'irritation que sa modération produit (1).

Je dirais au gouvernement, si mes paroles allaient jusqu'à lui : Le peuple ne peut pas juger l'état de la chose publique avec les pensées de ceux qui gouvernent, il ne le doit même pas, car il est peuple, et, par conséquent, passionné. À ses yeux votre sagesse est faiblesse, car il ne juge que par les inspirations de son cœur tout ce qui intéresse la patrie.

Je dirais au peuple qu'un gouvernement, quelque libre qu'il soit dans sa marche, doit avoir certains égards pour ses relations diplomatiques, et est en outre dominé par les intérêts généraux du pays qu'il cherche à harmoniser avec les intérêts des autres puissances, sans cependant rompre l'équilibre et la balance européenne.

Il est facile de justifier par un seul, mais par un bien grand exemple, ces nécessités de position, et de montrer combien les peuples, les rois et leurs ministres doivent voir sous un jour différent les événemens les plus importans de leur vie politique.

Personne ne doute que si Napoléon fût parvenu, en 1814 ou 1815, à séparer l'Autriche de la coalition, les résultats n'eussent été tout opposés, et on eût applaudi au succès d'une politique qui aurait consisté cependant à diviser pour régner.

Eh bien ! supposons un instant (et cette supposition

(1) Ce n'est point par de nombreux procès qu'on parviendra à calmer cette irritation.

est peut-être une grande vérité) que nous soyons, en 1833, menacés d'une nouvelle coalition, et que le gouvernement croie devoir faire quelques concessions à la Grande-Bretagne pour la séparer de l'alliance projetée; la presse et le peuple de s'écrier tout aussitôt : La France est vendue à l'Angleterre, elle se traîne derrière elle au lieu de marcher son égale. De là de l'irritation, des haines, des élections hostiles, une révolution peut-être, et pourtant le prince et ses ministres n'agiraient que d'après des principes de haute politique que l'homme le plus indépendant pourrait avouer.

Cependant, et quoique je blâme la trop grande exaltation des passions populaires, et surtout la presse qui les nourrit, je le dis à regret, si je descends en moi-même, si j'analyse dans mon cœur les sentimens divers que m'inspire l'état de ma patrie, oserai-je dire avec la fierté de ces anciens Romains : « Je suis citoyen français. » La réponse expire sur mes lèvres.

Où sont donc les exploits? où sont donc les pays qui pourraient justifier l'expression de cet orgueil national?

Est-ce la Grèce où nous avons installé un prince étranger? Est-ce l'Italie?..... l'Italie toute palpitante de notre gloire, et qui cependant n'est plus pour nous qu'un grand souvenir? Est-ce Constantinople, où l'on ne jurait que par la France? Constantinople où les Russes viennent camper à chaque printemps, et ne craignent pas de préluder insolemment à leur prochain triomphe en fermant le Bosphore à nos flottes étonnées. Où retrouverai-je l'influence française? Ce ne sera pas sans doute dans cette héroïque et infortunée Pologne, à laquelle nous avions pourtant dit : « Tu ne périras point. » Sera-ce en Belgique? Un instant mon cœur bat. Nemours est proclamé roi, le Rhin va de nouveau se briser à nos pieds....; le canon gronde ; Anvers, où nos princes, encore novices dans l'art des combats , ont fait éclater leur courage, Anvers a succombé... La France va donc redevenir la grande nation. Espoir trompeur ! C'est en vain que le sang de nos braves a coulé. Une puissance inconnue arrête nos bras , et nous endort en nous berçant avec quelques lauriers (1) ; et cependant j'ai foi dans les sentimens patriotiques du prince constitutionnel , et je veux croire que ses ministres sont dominés par des pensées inspirées par les besoins mêmes du pays. Il me semble les entendre dire : « Rien ne peut égaler le bonheur de la paix dont vous célébrez vous-mêmes les bienfaits; le commerce et les arts vont opérer des prodiges,

(1) On pourrait croire que je manifeste ici le désir d'une guerre générale : telle n'est pas ma pensée, je serais en contradiction avec ce que j'ai dit précédemment. Je veux seulement signaler cette volonté forte de la France de compter au premier rang des puissances de l'Europe; l'on pouvait atteindre ce résultat sans se jeter dans la propagande; et s'il est possible de bien juger les événemens du point de vue où je les envisage, je crois qu'il fallait, dans les trois mois de la révolution de juillet, marcher jusqu'au Rhin , y rester l'arme au bras et négocier ensuite; et c'est un grave reproche que j'adresse aux ministres Dupont et Laffitte de ne pas s'être retirés du ministère du moment où ils ne pouvaient pas suivre cette voie. C'est une grande faute politique dont ils sont comptables envers leur patrie, et que l'histoire leur reprochera sévèrement; ils s'élèvent avec l'opposition contre le ministère de 1833, que je suis loin d'approuver dans tous ses actes, et ce ministère est lié par les traités de 1830 et de 1831. Jamais plus belle occasion ne s'était présentée pour un peuple de reprendre ses frontières naturelles, et c'est la première fois, et probablement la dernière, qu'une nation aura négligé un si grand avantage. MM. Laffitte et Dupont de l'Eure sont à mes yeux des hommes honorables et dévoués, de grands citoyens; mais si je juge seulement leur conduite ministérielle, ce n'est qu'une longue faiblesse. Diront-ils , l'armée n'était pas prête? Bonaparte a fait les belles guerres d'Italie avec des soldats mal armés et qui n'avaient pas même de chaussures. Diront-ils : le roi l'a voulu ? C'est un langage que la France ne peut comprendre. Le roi est inviolable. Les ministres sont seuls responsables.

le travail augmentera, la vie sera douce à l'ouvrier. Cet accord, cette union laborieuse des peuples, ne sont-ils pas préférables à cette suprématie européenne, qui ne servirait qu'à exciter la jalouse susceptibilité des gouvernemens étrangers et nous rejeter peut-être dans des guerres éternelles. Oui, je le vois, tout est pour le mieux dans ce meilleur des mondes, et la France, nouvel Eden, ne va plus compter que des heures de félicité parfaite ; heureuses, mais bien courtes illusions de l'âge d'or ministériel!

Si la prospérité matérielle est d'une haute importance pour le bonheur des nations, elle ne peut suffire à la mâle existence du peuple français. Et d'ailleurs un gouvernement qui veut rester stationnaire au milieu de masses chaque jour en mouvement, chaque jour enflammées par la presse, par cela seul rétrograde, et doit bientôt se heurter contre le peuple tout entier qui s'avance et l'entraîne avec lui. La France peut cependant oublier toutes ces génuflexions faites à l'autel de la paix ; mais c'est sous la condition que le ministère prendra une attitude imposante à l'égard des puissances étrangères.

Nous sommes assez sages pour reconnaître qu'il est presque impossible de nous étendre en Europe ; nous consentirons même, en soupirant, à éloigner de nos souvenirs les limites du Rhin ; mais, comme dédommagement de cet immense sacrifice, la France, semblable à ce fleuve qui féconde chaque année de ses eaux généreuses l'antique berceau du genre humain, la France étendra ses regards sur ce continent africain, qu'elle veut inonder de ses flots de lumières et enrichir des fruits de sa civilisation.

Pour atteindre ce glorieux résultat, le roi n'a qu'à

vouloir ; car la France voudra comme son roi ; le roi n'a qu'une ordonnance à signer.

« Toute la partie de l'Afrique connue sous le nom « de royaume d'Alger est réunie à la France.

« A mesure que les armées françaises pénétreront dans « l'intérieur de cette partie du monde, les terres et « provinces nouvellement conquises seront annexées à « ce royaume, qui prendra le nom de France africaine. »

Et cette ordonnance, nous sommes sûrs qu'elle sera respectée ; car la France ne permettra jamais qu'on la révoque. Mais l'Europe consentira-t-elle à ce projet d'agrandissement ambitieux ? Examinons rapidement la position des puissances.

La Grande-Bretagne est rongée par deux cancers, sa dette publique et l'Irlande ; au milieu de ses embarras intérieurs et du développement de ses intérêts matériels, développement constitutif de son existence comme nation, elle doit vivement désirer la paix avec nous, surtout en raison de l'esprit dominateur de la Russie. Il est impossible que l'Angleterre ne voye pas que, dans un avenir peu éloigné, elle sera forcée d'entrer en lutte avec cet empire. Elle a donc de puissans motifs de s'allier à la France, qui, par la supériorité de ses armes, lui offre des succès certains.

La Grande-Bretagne, d'ailleurs, ne peut être effrayée de notre établissement sur la côte africaine. Maîtresse de Gibraltar, elle tient les clefs de l'Océan et de la Méditerranée ; et comment pourrait-elle nous reprocher de nous agrandir, elle qui possède presque le quart du globe ? Mais ne jugeons de ses résolutions que par ses intérêts. Quelles sont donc les exportations que l'Angleterre a faites jusqu'à présent avec la régence ? Elles ont été presque nulles.

Que la France civilise seulement la partie de l'Afrique dont elle s'est emparée, et le commerce de la
Grande-Bretagne sera doublé, triplé dans ces parages ;
tandis qu'en nous déclarant la guerre, elle perdrait et
l'espérance de développer un jour son commerce avec
l'Afrique, alors civilisée, et serait, en outre, privée de
ses exportations pour la France, qui s'élèvent annuel-
lement à 270 millons. Est-il une puissance européenne
qui puisse lui offrir des débouchés aussi considérables ?
Mais la Russie, la Prusse, l'Autriche ?

La Russie est plus intéressée que toute autre à nous
laisser libres dans notre marche vers l'Afrique; car,
elle aussi tend chaque jour à s'agrandir, elle aussi
possède déjà une grande partie du globe, et il n'y
a pas d'argument que nous ne puissions lui rétorquer
avec avantage ; elle est trop éloignée de nous pour res-
sentir l'effet de notre développement, et enfin, comme
pouvoir absolu, ses intérêts, en raison de la Pologne,
doivent être communs avec ceux de la Prusse et de l'Autriche. Or, notre conquête du royaume d'Alger doit
s'accorder parfaitement avec les vues politiques de ces
deux dernières puissances, puisqu'elle aura pour effet d'é-
loigner, pendant plusieurs siècles peut-être, le torrent des
armées françaises de la route si facile de Vienne et de
Berlin, et de délivrer tous les princes allemands de cet
esprit de changement et de liberté qui marche en triomphateur avec nos soldats victorieux.

Ainsi, toutes les puissances, soit par un intérêt de
politique générale, soit par un intérêt tout personnel,
ne doivent pas et ne peuvent même pas s'opposer à notre
mouvement sur l'Afrique.

Si cependant elles élevaient quelques objections, nous
serions en droit de leur dire : « Les sociétés sont en

travail ; toutes marchent avec plus ou moins de vitesse, mais successivement, vers une période révolutionnaire ; une étincelle peut produire un immense incendie et réduire en poussière tous les trônes. Or, le seul moyen de distraire les peuples de la politique qui les absorbe, et de ce désir de progrès mal digérés qui ne conduit qu'à des secousses révolutionnaires et nuit à l'avancement du genre humain, c'est un mouvement général unanime des gouvernemens vers un but déterminé, vers un but généreux et fait pour séduire l'imagination de tous les peuples. La guerre est possible entre les puissances, mais elle est sans résultat ; et après bien des millions dépensés et du sang répandu, l'Europe arriverait encore au même point d'où elle est partie il y a quarante ans. Il y a quarante ans elle avait conçu le grand projet de vaincre et de partager la France, et la France a répondu à l'Europe en la bouleversant, en la dominant tout entière, et, malgré les trahisons, malgré les élémens conjurés contre nous, la France est prête à rentrer dans la lice. Au lieu de nous jeter dans des guerres sans but, sans fin, unissons-nous, civilisons l'Afrique, faisons-y de concert pénétrer tous nos arts par l'effet même de leur puissance, et, s'il le faut, par la puissance de nos armes ; nos revers et nos succès seront communs. Nouveaux croisés, allons délivrer, non pas un tombeau, mais un continent tout entier, une des parties du monde ; l'entreprise est noble et digne de l'Europe.

Si l'Europe est jalouse et trop vieillie dans l'art et les erremens égoïstes des anciennes cours pour comprendre ce langage ; si elle ne veut pas figurer dans ce drame glorieux, il nous appartient de prendre sur nous seuls les chances de ce grand projet. Mais alors recherchons si la France a un véritable intérêt à cet accroissement de puissance; nous ne sommes plus au temps où l'on fait la guerre en chevaliers errans.

Il est probable que pendant quelques années la possession de la côte d'Afrique nous coûtera plus qu'elle ne nous rapportera; mais une nation n'est pas comme un négociant qui consulte avec soin la balance de l'année; le grand livre d'une nation, c'est le passé et l'avenir.

Tous les peuples qui ont marqué sur la terre ont eu des colonies ou des possessions indépendantes du territoire de la mère-patrie. Voyez la Hollande, l'Espagne, le Portugal, l'Angleterre et la France elle-même avant la révolution.

« En 1814, a dit un de nos premiers orateurs (1), nous « avons abandonné les Canadas; alors nous avons eu soin « de dire, pour notre consolation, que nous n'abandon- « nions que quelques arpens de neige et des habitans « à demi sauvages.

« Voyez ce que l'Angleterre a fait de la nouvelle « Bretagne, dont les deux Canadas forment la partie prin- « cipale; vous y voyez des canaux creusés et formant « un système de navigation, des villes devenues riches « et populeuses, Montréal, qui avait 15,000 âmes, et « qui en a aujourd'hui quarante; vous y voyez une « navigation commerciale qui a plus de 60,000 marins, « des établissemens militaires et maritimes où l'An- « gleterre fait construire des vaisseaux pour son compte, « en un mot, partout y règne la plus grande prospérité.

« Et pourquoi? Parce que l'Angleterre a vu qu'elle « avait besoin de cette colonie pour lutter un jour « contre la puissance toujours croissante des Etats- « Unis; c'est ainsi que lorsque l'Angleterre paraît blâmer « le système colonial, elle le suit avec persévérance, « et sait en tirer les plus grands avantages. »

(1) M. Mauguin.

« C'est qu'en effet, pour mesurer l'influence de nos
« colonies sur la métropole, il ne faut pas consulter
« seulement le chiffre du budget, il faut remarquer
« qu'entre les métropolitains et les colons il s'établit
« des échanges qui deviennent pour tous le principe du
« travail et de la richesse, qui augmentent l'aisance, et
« qui, par cela même, se reproduisent au profit du
« budget et sous toutes les formes ; car une nation ne
« devient jamais plus riche sans que le trésor public
« en profite. »

Ces pensées, qui me paraissent d'une justesse extrême,
doivent nous servir de point de départ, et sont en
même temps la critique la plus vraie de tous les gouvernemens qui ont abandonné ou perdu nos colonies,
et ont laissé ainsi acquérir à l'Angleterre une influence
extrême.

N'examinez donc pas les sommes que vous aurez à
verser dans Alger, mais la position militaire, mais
la multitude des échanges qui vont devenir pour la
France la source inépuisable d'une plus grande richesse ;
creusez des canaux, élevez des villages qui deviendront
un jour des villes florissantes, et qui, jusque là, seront de la plus haute importance comme stations militaires ; rendez salubre, par les prodiges de notre industrie,
cette plaine de Metidja, qui semble vous arrêter ; favorisez
les familles françaises qui iront s'établir en Afrique.
Ne craignez pas une émigration ; la France sera toujours
le pays le plus peuplé, parce qu'il est le plus beau
de l'Europe ; d'autres avantages se présentent dans notre
possession de la côte d'Afrique. En paix avec toutes
les puissances, nous trouverons là tous les moyens
de former notre armée, de l'habituer aux fatigues, de
familiariser nos jeunes conscrits avec le feu et les chances

des combats. Nous obtenons donc par le fait seul de cette possession un résultat inappréciable, c'est d'avoir toujours une armée aguerrie contre l'Europe, dans le cas où elle éprouverait encore quelques velléités de lutter contre nous, et de recevoir de nouvelles leçons.

Nons devons mettre encore dans la balance les résultats qui naîtront naturellement de ce grand voyage d'une partie de notre jeune population des campagnes, population beaucoup trop casanière. On s'accorde à reconnaître que les progrès que la France a faits dans son agriculture tiennent beaucoup à nos guerres continentales. Quand nos jeunes conscrits restent dans les garnisons, ils perdent au lieu d'acquérir; faites-les voyager, ils rapporteront un jour sur le champ paternel les semences des fruits qu'ils auront cueillis dans leurs routes; ils appliqueront à leurs industries diverses les méthodes et produits nouveaux dont ils auront été à même d'apprécier les résultats, c'est encore une fortune pour la France. Mais il existe en faveur de notre établissement en Afrique une raison plus déterminante, c'est de nous procurer le moyen de donner une issue à toutes ces passions démocratiques qui nous menacent d'une explosion.

L'imagination trop ardente de notre jeunesse, ne sachant où se porter, s'égare; elle réagit sur le pays. Distribuez habilement et autant que possible, suivant la capacité de chacun, cette sève, cette surabondance de vie sur un sol encore vierge, vous soulagerez la patrie sans l'affaiblir. Ne savez-vous pas d'ailleurs, par une glorieuse expérience, que nos savans, nos artistes, se plaisent sur cette terre d'Afrique. Quel est le Français qui ne se glorifie de notre expédition d'Egypte? et cependant, pour nos trésors perdus, pour le sang de nos braves répandu, il ne nous reste que les souvenirs de nos triomphes. Mais vous venez de l'entendre cette France saluant d'un cri unanime l'image du grand homme; le degré de sa reconnaissance est égal au nombre des lauriers dont il a paré son front.

En admettant cependant qu'Alger pendant long-temps ne nous procure que de minimes avantages commerciaux, ne faut-il pas à la France quelques ports de relâche dans la Méditerranée ? l'Angleterre n'en a-t-elle pas dans toutes les directions, Malte, Gibraltar, les îles Ioniennes et tant d'autres ? Pourquoi donc ne pas suivre son exemple ? Mais, disent quelques personnes craintives, quand nous aurons fait beaucoup de sacrifices, et que nous commencerons à retirer quelques fruits de nos travaux, l'Angleterre nous déclarera subitement la guerre, et les forces navales dont elle dispose sont si considérables, que, malgré notre courage, nous succomberons.

Nous avons démontré que l'Angleterre ne peut pas nous déclarer la guerre. Mais le voulût-elle, la proximité où se trouve Alger des côtes de France nous donne sur elle un avantage immense. L'invention des bâtimens à vapeur met la Grande - Bretagne dans l'impossibilité d'empêcher nos communications avec l'Afrique; tout le monde sait qu'une flotte ne peut conserver un blocus sur ces côtes; et au cas de débarquement, une petite armée française renfermée dans Alger suffirait pour défier de grandes armées européennes. Quelles sont les puissances qui pourraient envoyer des troupes contre nous? La Russie ou l'Angleterre. La Russie ne porte ni ses forces ni sa puissance de ce côté, et l'Angleterre, obligée de garder d'immenses possessions éparses sur tout le globe, ne pourra jamais disposer d'une armée nombreuse. Mais ce qu'elle peut faire d'une manière secrète, mais bien dangereuse pour nous, c'est d'envoyer des émissaires dans les tribus qui avoisinent Alger, de leur représenter notre arrivée et notre établissement en Afrique comme entrepris dans un but de barbarie, et comme la ruine de leur vie de pasteurs.

Ces émissaires rappelleront chaque jour au souvenir de ces peuplades le nombre des troupeaux enlevés, leurs femmes outragées, les mosquées que nous avons profanées. Ne négligez donc aucun moyen pour écarter ces envoyés secrets ou pour détruire leur influence, et, en même temps, efforcez-vous de vous attacher ces peuplades; elles n'ont pas de raison de se jeter dans les bras des puissances étrangères, si vous n'insultez pas à leur culte, à leurs mœurs. Il est d'autant plus nécessaire de nous faire aimer de tous les peuples qui bordent les côtes d'Afrique, que la Méditerranée, au moyen des routes en fer qui vont y aboutir et des bâtimens à vapeur qui la sillonneront dans tous les sens, va bientôt devenir le centre des opérations du commerce de l'univers.

Il faut donc nous assurer des positions qui nous servent en même temps et de stations militaires et de moyens d'écoulement pour l'excédant de nos produits. Ainsi l'intérêt politique et commercial, comme la gloire de la France, est évidemment intéressé à ce que nous communiquions le mouvement de notre civilisation à ces peuples immobiles de l'ancien monde.

Les civiliser! mais sera-ce leur procurer le bonheur?

Avec cette indifférence politique et religieuse qui nous mine, cette espèce d'athéisme qui nous dessèche; avec cette fatigue de la vie, cette lassitude jusque dans les plus pures de toutes nos jouissances, le culte des beaux arts; n'y aurait-il pas lieu maintenant d'examiner si les peuples que nous appelons barbares gagnent véritablement à la civilisation que nous voulons leur procurer.

L'immobilité dans les goûts, dans les mœurs, dans les croyances, ne serait-ce pas pour eux le vrai bonheur ? Non, non; cette immobilité fait peut-être toute la félicité de la brute; mais l'homme civilisé est seul heureux. Le vrai bonheur est une civilisation perfectionnée, et c'est parce que nous ne sommes pas encore arrivés au but, que, comme des enfans qui ne peuvent atteindre au sein de leur nourrice, nous nous désespérons. Nous avons trop cru que la civilisation consistait uniquement dans l'urbanité du langage, dans l'élégance des formes. La haute civilisation a ses devoirs, ses croyances; elle s'unit au bonheur de la famille, au dévouement envers la patrie, au soulagement de l'infortune et des souffrances de l'humanité; la civilisation est une religion, mais une religion épurée de toutes ses superstitions ; ce n'est donc pas au milieu des flots de sang qu'il faut commencer notre conquête de l'Afrique, nous retarderions d'un demi-siècle ses progrès ; c'est par la douceur de nos mœurs, le respect pour les idées religieuses, et le développement pacifique de nos arts ; les armes ne doivent être employées que dans la plus urgente nécessité.

« La civilisation doit être introduite dans ce pays, « non pas seulement en montrant ce qu'elle peut dans « les arts de la guerre, mais aussi ce qu'elle peut « pour la conservation et le bien-être de tous ceux « qui veulent se reposer à l'abri de notre justice et « suivre l'exemple de nos mœurs (1). »

Voilà ce que la France attend de son gouvernement, voilà où elle place ses triomphes, voilà comme les mots

____

(1) M. Mounier.

de France , Gloire et Patrie retentiront autour d'elle , et frapperont le globe attentif à ces nouveaux prodiges.

Enfin, voilà comme, par le développement de tous les vœux et de tous les intérêts populaires , il est possible d'éviter ces irruptions volcaniques qui nous désolent, et d'arrêter ce mouvement d'une démocratie qui s'ignore elle-même, et qui, au milieu des déchiremens qu'elle produirait sur notre sol, finirait par nous engloutir avec elle et peut-être (que les rois y réfléchissent!) avec l'Europe entière.

FIN.